NOTICE
DE
LIVRES CLASSIQUES

A L'USAGE

1° DE L'ENSEIGNEMENT SECONDAIRE CLASSIQUE

(LYCÉES, COLLÈGES, SÉMINAIRES, INSTITUTIONS ET PENSIONS)

2° DE L'ENSEIGNEMENT SUPÉRIEUR

PARIS
LIBRAIRIE HACHETTE ET Cie
79, BOULEVARD SAINT-GERMAIN, 79

Août 1889

TABLE DES MATIÈRES

	Pages
1º Pédagogie	
2º Programmes et Manuels pour divers examens	
3º Étude de la langue française	
4º Histoire ; Chronologie ; Mythologie	7
5º Géographie	8
6º Philosophie ; Droit ; Économie politique	10
7º Sciences et Arts.	
§ 1. Arithmétique et applications diverses	12
§ 2. Géométrie ; Arpentage ; Dessin	13
§ 3. Algèbre ; Géométrie analytique ; Géométrie descriptive ; Trigonométrie	13
§ 4. Mécanique	14
§ 5. Cosmographie	14
§ 6. Physique ; Chimie	14
§ 7. Histoire naturelle	15
8º Étude de la langue latine	16
9º Étude de la langue grecque ancienne	20
10º Étude des langues vivantes.	
Langue allemande	24
Langue anglaise	27
Langue italienne	29
Langue espagnole	29

On adressera franco aux personnes qui en feront la demande :

Le catalogue des livres d'éducation et d'enseignement ;
Le catalogue des livres de littérature générale et de connaissances utiles ;
Le catalogue des livres reliés pour les distributions de prix ;
Le catalogue des livres à l'usage des bibliothèques populaires ;
Le catalogue des livres pour étrennes ;
Le catalogue des livres espagnols ;
Le catalogue des livres reçus en dépôt ;
Le catalogue des fournitures de classes ;
Le catalogue du matériel nécessaire pour l'enseignement pratique des sciences.

1° PÉDAGOGIE

Bréal (Michel), inspecteur général de l'instruction publique. *Quelques mots sur l'instruction publique en France.* 1 vol. in-16, broché. 3 fr. 50 c.
— *Excursions pédagogiques* en Allemagne, en Belgique et en France. 1 vol. in-16, broché. 3 fr. 50 c.

Compayré. *Histoire critique des doctrines de l'éducation en France depuis le XVIe siècle.* 2 vol. in-16, brochés. 7 fr.

Ferneuil. *La réforme de l'enseignement en France.* 1 vol. in-16, br. 3 fr. 50 c.

Gréard (O), vice-recteur de l'Académie de Paris. *Éducation et instruction.* 3 vol. in-16, brochés :

— *Enseignement secondaire.* 2 vol. 7 fr.
— *Enseignement supérieur.* 1 vol. 3 fr. 50 c.

Chaque ouvrage se vend séparément.

Martin. *L'éducation du caractère.* 1 vol. in-16, broché. 3 fr. 50 c.

Simon (Jules). *La réforme de l'enseignement secondaire.* In-16, br. 3 fr. 50 c.

2° PROGRAMMES ET MANUELS

POUR DIVERS EXAMENS

Mémento du baccalauréat ès lettres. Nouvelle édition entièrement refondue conformément aux nouveaux programmes de 1885. 4 vol. petit in-16, cartonnés :

PREMIER EXAMEN, *partie littéraire*, comprenant : Conseils sur les épreuves écrites ; — Notices sur les auteurs et les ouvrages grecs, latins, français, allemands et anglais indiqués pour l'explication orale ; — Notions de rhétorique et de littérature classique, par M. Albert Le Roy. 1 vol. 5 fr.

PREMIER EXAMEN, *partie historique*, comprenant : Histoire ; — Géographie, par MM. Ducoudray et Cortambert. 1 vol. 5 fr.

DEUXIÈME EXAMEN, *partie littéraire*, comprenant : Philosophie ; — Histoire contemporaine, par MM. Thamin et G. Ducoudray. 1 vol. 5 fr.

DEUXIÈME EXAMEN, *partie scientifique*, comprenant : Arithmétique ; — Algèbre ; — Géométrie ; — Physique ; — Chimie ; — Anatomie et physiologie animales et végétales ; par MM. Bos, Pichot, Schutzenberger, Baillon et Perrier. Nouvelle édition. 1 vol. 5 fr.

Mémento du baccalauréat ès sciences. Nouvelle édition conforme aux programmes de 1885. 2 vol. petit in-16, cartonnés. 13 fr.

TOME I, *partie littéraire*, par MM. Albert Le Roy, Ducoudray et Cortambert, etc., cartonné. 6 fr. 50 c.

TOME II, *partie scientifique*, comprenant : Arithmétique ; — Géométrie ; — Algèbre ; — Trigonométrie rectiligne ; — Géométrie descriptive ; — Cosmographie ; — Mécanique ; — Physique ; — Chimie, par MM. Bos, Bezodis, Pichot, Mascart et Boutet de Monvel, cartonné. 6 fr. 50 c.

Plan d'études et programmes pour l'enseignement secondaire classique. Classes de lettres. In-16, broché. 75 c. Classes de sciences. In-16, broché. 75 c.

Programmes pour l'admission à l'École spéciale militaire de Saint-Cyr. Brochure in-16. 30 c.

Programme de l'examen du baccalauréat ès lettres scindé en deux parties. Brochure in-16. 30 c.

Programme du baccalauréat ès sciences complet. Brochure in-16. 30 c.

Programmes pour l'admission à l'École polytechnique. In-16. 40 c.

Programme des conditions d'admission à l'École forestière. Brochure in-16. 40 c.

Programme des conditions d'admission à l'École navale. Brochure in-16. 30 c.

3° ÉTUDE DE LA LANGUE FRANÇAISE

Albert (Paul), ancien professeur au Collège de France. *La poésie*, études sur les chefs-d'œuvre des poètes de tous les temps et de tous les pays. 1 vol. in-16, br. 3 fr. 50 c.
— *La prose*, études sur les chefs-d'œuvre des prosateurs de tous les temps et de tous les pays. 1 vol. in-16, br. 3 fr. 50 c.
— *La littérature française*, des origines à la fin du XVIe siècle. In-16, br. 3 fr. 50 c.
— *La littérature française au XVIIe siècle*. 1 vol. in-16, broché. 3 fr. 50 c.
— *La littérature française au XVIIIe siècle*. 1 vol. in-16, brochés. 3 fr. 50 c.
— *La littérature française au XIXe siècle*. 2 vol. in-16, brochés. 7 fr.
— *Variétés*. 1 vol. in-16, broché. 3 fr. 50 c.

Barrau. *Méthode de composition et de style*, ou principes de l'art d'écrire en français, suivie d'un choix de modèles. 1 vol. in-16, cartonné. 2 fr. 75 c.
— *Exercices de composition et de style*, ou sujets de descriptions, de narrations, de dialogues et de discours. In-16, br. 2 fr.

Bigot. *Lectures choisies de français moderne*. 1 vol. in-16, cart. toile. 1 fr. 50 c.

Brachet (Auguste), lauréat de l'Académie française. *Nouvelle grammaire française*, fondée sur l'histoire de la langue. 1 vol. in-16, cartonné. 1 fr. 50 c.
— *Exercices sur la nouvelle grammaire française*, par M. Dussouchet, agrégé de grammaire :
 Livre de l'élève. 1 v. in-16, cart. 1 fr. 50 c.
 Livre du maître. 1 v. in-16, cart. 2 fr.
— *Petite grammaire française*. 1 vol. in-16, cartonné. 80 c.
— *Exercices sur la Petite grammaire française* par M. Dussouchet :
 Livre de l'élève. 1 vol. in-16, cart. 80 c.
 Livre du maître. 1 vol. in-16 cart. 1 fr.
 Voir *Morceaux choisis des écrivains français du XVIe siècle*.

Brachet (A.) et Dussouchet, professeur au lycée Henri IV : *Cours de grammaire française*, rédigé conformément au programme de 1885, à l'usage de l'enseignement secondaire. 8 vol. in-16, cartonnage toile :

Cours élémentaire.
Grammaire française à l'usage des classes élémentaires, comprenant de nombreux sujets d'exercices oraux et écrits. Livre de l'élève. 1 vol. 1 fr.
Exercices complémentaires sur le cours élémentaire de grammaire française, comprenant le corrigé des exercices du livre de l'élève, des questionnaires, une liste des homonymes, un lexique explicatif et de nombreux exercices complémentaires, avec corrigés ; à l'usage des professeurs. 1 vol. 2 fr. 50 c.

Cours moyen.
Grammaire française à l'usage des classes de 6e et de 5e. 1 vol. 1 fr.
Exercices sur le Cours moyen de grammaire française à l'usage des élèves. 1 vol. 1 fr.
Exercices complémentaires sur le Cours moyen de grammaire française, comprenant le corrigé des exercices du livre de l'élève et de nombreux exercices complémentaires avec corrigés ; à l'usage des professeurs. 1 vol. 2 fr. 70

Cours supérieur.
Grammaire française à l'usage de la classe de 4e et des classes supérieures. 1 vol. 2 fr. 50 c.
Exercices étymologiques. 1 vol. 1 fr.
Corrigé des Exercices étymologiques. 1 vol. 2 fr.

Chassang, ancien inspecteur général de l'instruction publique. *Modèles de composition française*, empruntés aux écrivains classiques, à l'usage des classes supérieures et des aspirants au baccalauréat ès lettres. 1 vol. in-16, cart. 2 fr.

ÉTUDE DE LA LANGUE FRANÇAISE

Classiques français. Nouvelle collection format petit in-16, publiée avec des notices, des arguments analytiques et des notes, par les auteurs dont les noms sont indiqués entre parenthèses.

Ces éditions se recommandent par la pureté du texte, la concision des notes, la commodité du format, l'élégance et la solidité du cartonnage.

Boileau : L'art poétique (Geruzez). 40 c.
— Œuvres poétiques (Geruzez). 1 fr. 50 c.
Bossuet : Sermons choisis (Rébelliau).
Prix : 3 fr.
Buffon : Morceaux choisis (E. Dupré).
Prix : 1 fr. 50 c.
— Discours sur le style. 30 c.
Chanson de Roland et Vie de saint Louis, par *Joinville*. Extraits (G. Paris).
Prix : 2 fr. 50 c.
Corneille : Le Cid (Petit de Julleville).
Prix : 1 fr.
— Cinna (Petit de Julleville). 1 fr.
— Horace (Petit de Julleville). 1 fr.
— Nicomède (Petit de Julleville). 1 fr.
— Le Menteur (Lavigne). 1 fr.
— Polyeucte (Petit de Julleville). 1 fr.
Fénelon : Fables (A. Regnier). 75 c.
— Sermon pour la fête de l'Épiphanie (G. Merlet). 60 c.
— Télémaque (Chassang). 1 fr. 80 c.
Florian : Fables (Geruzez). 75 c.
Joinville : Histoire de saint Louis (Natalis de Wailly). 2 fr.
La Fontaine : Fables (Thirion). 1 fr. 60 c.
Lamartine : Morceaux choisis. 2 fr.
Molière : L'avare (Lavigne). 1 fr.
— Le Misanthrope (Lavigne). 1 fr.
— Le Tartufe (Lavigne). 1 fr.
— Les femmes savantes (Larroumet). » »
Montaigne : Extraits (G. Guizot). » »
Pascal : Opuscules (Adam). 1 fr. 50 c.
Racine : Andromaque (Lavigne). 75 c.
— Britannicus (Lanson). 1 fr.
— Esther (Lanson). 1 fr.
— Iphigénie (Lanson). 1 fr.
— Les plaideurs (Lavigne). 75 c.
— Mithridate (Lanson). 1 fr.
Sévigné : Lettres choisies (Ad. Regnier).
Prix : 1 fr. 80 c.
Théâtre classique (Ad. Regnier). 3 fr.
Voltaire : Choix de lettres (Brunel).
Prix : 2 fr. 25 c.

D'autres volumes sont en préparation.

Classiques français, format in-16. Editions annotées par les auteurs dont les noms sont indiqués entre parenthèses.
Bossuet : Discours sur l'histoire universelle (Olleris). 2 fr. 50 c.
— Oraisons funèbres (Aubert). 1 fr. 60 c.

Corneille : Théâtre choisi (Geruzez).
Prix : 2 fr. 50 c.
— Le Cid (Anthoine). 1 fr. 25 c.
Fénelon : Dialogues des morts (B. Jullien). 1 fr. 60 c.
— Dialogues sur l'éloquence (Delzons) 80 c.
— Opuscules académiques. 80 c.
La Bruyère : Caractères (G. Servois).
Prix : 2 fr. 50 c.
Massillon : Carême (Colincamp). 1 fr. 25 c.
Molière : Le bourgeois gentilhomme (Vapereau). 1 fr. 25 c.
— Les précieuses ridicules (Id.) 1 fr. 25 c.
— Les femmes savantes (Id.). 1 fr. 25 c.
Montesquieu : Grandeur et décadence des Romains (C. Aubert). 1 fr. 25 c.
Racine : Théâtre choisi (E. Geruzez).
Prix : 2 fr. 50 c.
— Athalie (Anthoine). 1 fr. 25 c.
— Britannicus (Anthoine). 1 fr. 25 c.
Rousseau (J.-B.) : Œuvres lyriques (Geruzez). 1 fr. 50 c.
Voltaire : Histoire de Charles XII (Brochard-Dauteuille). 1 fr. 25 c.
— Siècle de Louis XIV (Garnier). 2 fr. 75
— Théâtre choisi (Geruzez). 2 fr. 50 c.

Delon. *La grammaire française d'après l'histoire.* 1 volume in-16, cartonnage toile. 3 fr.

Demogeot, agrégé de la Faculté des lettres de Paris. *Histoire de la littérature française* depuis ses origines jusqu'à nos jours. 1 vol. in-16, broché. 4 fr.
— *Textes classiques de la littérature française,* extraits des grands écrivains français, avec notices, appréciations et notes; recueil servant de complément à l'*Histoire de la littérature française*. Nouvelle édition, revue et augmentée. 2 vol. in-16, cartonnés. 6 fr.
I. *Moyen âge*, XVIe et XVIIe *siècles*. 3 fr.
II. XVIIIe *et* XIXe *siècles*. 3 fr.

Filon (A.). *Eléments de rhétorique française.* 1 vol. in-16, cartonné. 2 fr. 50 c.
— *Nouvelles narrations françaises,* avec des arguments, à l'usage des candidats au baccalauréat ès lettres. In-16, br. 3 fr. 50 c.

Labbé, professeur au collège Rollin. *Morceaux choisis des classiques français* (prose et vers). 3 vol. in-16, cartonnés :
Cours élémentaire. 1 vol. 1 fr.
Cours moyen. 1 vol. 1 fr. 50 c.
Cours supérieur. 1 vol. 2 fr. 50 c.

Lafaye. *Dictionnaire des synonymes de la langue française.* 4e édition, suivie d'un supplément. 1 vol. gr. in-8, broché. 23 fr.
Le cartonnage en percaline gaufrée se paye en sus 2 fr. 75 c.; la demi-reliure en chagrin, 4 fr. 50.

Lehugeur (A.). *La chanson de Roland*, traduite en vers modernes, avec le texte ancien. 1 vol. in-16, broché. 3 fr. 50 c.

Littré. *Dictionnaire de la langue française*, contenant la nomenclature la plus étendue, la prononciation et les difficultés grammaticales, la signification des mots avec de nombreux exemples et les synonymes, l'histoire des mots depuis les premiers temps de la langue française jusqu'au XVIe siècle, et l'étymologie comparée et augmentée d'un *Supplément*. 5 vol. gr. in-4 à 3 colonnes, br. 112 fr.

La reliure en demi-chagrin se paye en sus 24 fr.

Littré et Beaujean, ancien inspecteur de l'Académie de Paris. *Abrégé du Dictionnaire de la langue française de Littré*, contenant tous les mots qui se trouvent dans le dictionnaire de l'Académie française, plus un grand nombre de néologismes et de termes de science et d'art, avec indication de la prononciation, de l'étymologie, et l'explication des locutions proverbiales et des difficultés grammaticales; suivi d'un supplément mythologique, historique, biographique et géographique; 8e édit. 1 vol. in-8 de 1400 p., br. 13 fr.
Cartonnage toile. 14 fr. 50 c.
Relié en demi-chagrin. 17 fr.

— *Petit dictionnaire universel*, ou Abrégé du dictionnaire de la langue française de Littré, avec une partie mythologique, historique, biographique et géographique, fondue alphabétiquement avec la partie française; 8e édition. 1 vol. grand in-16, cartonné. 2 fr. 50 c.

Marais. *Recueil de compositions françaises*. Lettres, récits, discours, dissertations, sujets et développements, à l'usage des candidats au baccalauréat ès lettres et à l'école de Saint-Cyr. 1 vol. in-16. broché. 4 fr. 50

Merlet, professeur de rhétorique au lycée Louis-le-Grand. *Études littéraires sur les classiques français des classes supérieures et du baccalauréat ès lettres*. Nouvelle édition conforme aux programmes de 1885. 2 vol. in-16, brochés. 8 fr.
I. Corneille. — Racine. — Molière 1 vol. 4 fr.
II. Chanson de Roland. — Joinville. — Montaigne. — Pascal. — La Fontaine. — Boileau. — Montesquieu. — La Bruyère. — Bossuet. — Fénelon. — Voltaire. — Buffon. 1 vol. 4 fr.

Méthode uniforme pour l'enseignement des langues, par M. E. Sommer,
Abrégé de grammaire française. 1 in-16, cartonné. 7
Questionnaire sur l'Abrégé de gramm française. 1 vol. in-16, cart. 4
Exercices sur l'Abrégé de gramm française. 1 vol. in-16, cart. 75
Corrigé desdits exercices. In-16, br. 1
Exercices sur l'analyse grammaticale sur l'analyse logique. In-16, cart.
Corrigé des exercices sur l'analyse gra maticale. 1 vol. in-16, broché. 2
Corrigé des exercices sur l'analyse lo que. In-16, broché. 1 fr. 50
Cours complet de grammaire français 1 vol. in-8, cartonné. 1 fr. 50
Exercices sur le Cours complet de gra maire française. In-8, cart. 1 fr. 50

Voir pages 18 et 23, pour les *langues latin grecque*.

Morceaux choisis des grands écri vains français du seizième siècl accompagnés d'une grammaire et d'un di tionnaire de la langue du XVIe siècle, p M. Aug. Brachet. In-16, cart. 3 fr. 50

Pellissier, professeur à Sainte-Barb *Morceaux choisis des classiques françai* en prose et en vers. Recueils compos à l'usage des classes de grammaire d'humanité. 6 vol. in-16, cartonnés :
Classe de Sixième, 1 vol. 1 f
Classe de Cinquième, 1 vol. 1 f
Classe de Quatrième, 1 vol. 1 f
Classe de Troisième, 1 vol. 2 fr
Classe de Seconde, 1 vol. 2 f
Classe de Rhétorique, 1 vol. 2 f

— *Premiers principes de style et de compo sition.* (Abrégé de la rhétorique fran çaise.) 1 vol. in 16, cartonné. 1 fr. 50
— *Sujets et modèles de compositions fran çaises*, destinés à servir d'applicatio aux premiers principes de style, à l'usag des classes élémentaires. 1 vol. in-1 cartonné. 1 fr. 50
— *Principes de rhétorique française.* 1 vol in-16, cartonné. 2 fr. 50
— *Sujets et modèles de compositions fran çaises*, destinés à servir d'application au principes de rhétorique, à l'usage des clas ses supérieures et des candidats au bacca lauréat ès lettres. 1 v. in-16, cart. 2 fr.50
— *Les grandes leçons de l'antiquité clas sique.* (Tableau des origines de la civi lisation gréco-romaine), avec extraits 1 vol. in-16, broché. 4 fr
— *Les grandes leçons de l'antiquité chré tienne*, (Tableau des origines de la civili sation moderne.) 1 vol. in-16, broché. 5 fr

HISTOIRE

Pressard, professeur au lycée Louis-le-Grand. *Lectures littéraires et morales*, à l'usage des classes élémentaires. 1 vol. petit in-16, cartonné. 1 fr. 25 c.
Quicherat (L.). *Petit traité de versification française.* In-16, cartonné. 1 fr.
Quinet (Édgar). *Pages choisies*, à l'usage des lycées et collèges. 1 vol in-16, cartonné. 2 fr.
Sommer. *Petit dictionnaire des rimes françaises.* In-18, cart. 1 fr. 80 c
— *Petit dictionnaire des synonymes français.* 1 vol. in-18, cart. 1 fr. 80 c.
— *Manuel de l'art épistolaire.* 2 vol. gr in-18, brochés. 3 fr. 25 c.
— *Manuel de style*, ou préceptes et exercices sur l'art de composer et d'écrire en français. 2 vol. gr. in-18, brochés. 3 fr.
Voir *Méthode uniforme pour l'enseignement des langues*, pages 6, 18, 23.
Soulice (Th.). *Petit dictionnaire de la langue française.* In-18, cart. 1 fr. 50 c.

Soulice et Sardou. *Petit dictionnaire raisonné des difficultés et exceptions de la langue française.* In-18, cart. 2 fr.
Tridon Péronneau. *Recueil de compositions françaises.* 1 vol. in-16, br. 2 fr.
Vapereau, inspecteur général honoraire de l'instruction publique. *Esquisse d'histoire de la littérature française.* 2ᵉ édition. 1 volume in-16, cartonnage toile. 1 fr. 50 c.
— *Éléments d'histoire de la littérature française*, contenant : 1º une esquisse générale ; 2º une suite de notices sur les époques, les genres et les principaux écrivains, avec un choix d'extraits de leurs ouvrages. 3 vol. cartonnage toile.
Tome Iᵉʳ : *Des origines au règne de Louis XIII.* 1 vol. in-16, cartonné. Prix : 3 fr. 50 c.
Tome II : *Règnes de Louis XIII et de Louis XIV.* 1 vol. 3 fr. 50 c.
Tome III (en préparation).

4° HISTOIRE, CHRONOLOGIE, MYTHOLOGIE

Berthelot (A.), maître de conférences à l'École des Hautes-Études. *Les grandes scènes de l'histoire grecque*, morceaux choisis des auteurs anciens et modernes. 1 vol. in-16 avec figures, cartonnage toile. 2 fr. 50 c.
Bouillet. *Dictionnaire universel d'histoire et de géographie.* Édition entièrement refondue. 1 vol. gr. in-8, broché. 21 fr.
Le cartonnage se paye en sus 2 fr. 75 c.
Ducoudray, agrégé d'histoire. *Histoire de France et histoire contemporaine*, de 1789 à la Constitution de 1875, contenant les matières indiquées par les programmes de 1885, à l'usage de la classe de Philosophie. 1 fort vol. in-16, avec cartes, cartonné. 6 fr.
Histoire de la civilisation. 1 fort vol. in-16, broché 7 fr. 50 c.
Duruy (V.). *Cours d'histoire*, contenant les matières indiquées par les programmes de 1885, à l'usage des classes de grammaire et d'humanités. Nouvelle édition entièrement refondue contenant des cartes géographiques et des gravures. 6 vol. in-16, cartonnés :
Classe de Sixième : *Histoire ancienne des peuples de l'Orient.* 1 vol. 3 fr.
Classe de Cinquième : *Histoire de la Grèce ancienne.* 1 vol. 3 fr.
Classe de Quatrième : *Histoire romaine.* 1 vol. 3 fr. 50 c.
Classe de Troisième : *Histoire de l'Europe et particulièrement de la France, de 395 à 1270.* 1 vol. 4 fr.
Classe de Seconde : *Histoire de l'Europe et particulièrement de la France, de 1270 à 1610.* 1 vol. 4 fr. 50 c.
Classe de Rhétorique : *Histoire de l'Europe et particulièrement de la France, de 1610 à 1789.* 1 vol. 4 fr. 50 c.
— *Petit cours d'histoire universelle.* Nouvelle édition avec des cartes et des gravures. Format in-16, cartonné :
Petite histoire ancienne. 1 fr.
Petite histoire grecque. 1 fr
Petite histoire romaine. 1 fr.
Petite histoire du moyen âge. 1 fr.
Petite histoire moderne. 1 fr.
Petite histoire de France. 1 fr.
Petite histoire générale. 1 fr.
Petite histoire sainte. In-18, cart. 80 c.
— *Histoire des Grecs*, depuis les temps les plus reculés jusqu'à la réduction de la Grèce en province romaine. 2 vol. in-8, brochés. 12 fr.
— *Histoire des Romains*, depuis les temps les plus reculés jusqu'à Dioclétien. 7 vol. in-8, brochés. 52 fr. 50 c.

Duruy (G.), professeur au lycée Henri IV. *Biographies d'hommes célèbres*, rédigées conformément aux programmes de 1885, à l'usage de la classe Préparatoire. 1 vol. in-16, avec gravures, cartonné. 1 fr.

— *Histoire sommaire de la France, depuis l'origine jusqu'à Louis XI*, rédigée conformément au programme de 1885, pour la classe de Huitième. 1 vol. in-16, avec cartes et gravures, cartonné. 1 fr.

Duruy (G.), *Histoire sommaire de la France, depuis l'avènement de Louis XI jusqu'à 1815*, rédigée conformément au programme de 1885, pour la classe de Septième. 1 vol. in-16, avec cartes et grav., cart. 1 fr. 50 c.
   Les deux parties réunies en un seul vol. cartonné. 2 fr. 50 c.

Fustel de Coulanges. *La cité antique.* 1 vol. in-16, broché. 3 fr. 50 c.

Gasquet, professeur à la Faculté des lettres de Clermont-Ferrand. *Précis des institutions politiques et sociales de l'ancienne France.* 2 vol. in-16, br. 8 fr.

Geruzez. *Petit cours de mythologie;* nouv. édit. avec 48 grav. In-16, cart. 1 fr. 25 c.

Histoire universelle, publiée par une société de professeurs et de savants, sous la direction de M. V. Duruy. Format in-16, broché :
La terre et l'homme, par M. Maury. 6 fr.
Chronologie universelle, par M. Dreyss. 2 vol. 12 fr.
Histoire générale, par M. Duruy. 4 fr.
Histoire sainte d'après la Bible, par le même. 3 fr.
Histoire ancienne des peuples de l'Orient, par M. Maspero. 6 fr.
Histoire grecque, par M. Duruy. 4 fr.
Histoire romaine, par le même. 4 fr.
Histoire du moyen âge, par le même. 4 fr.
Histoire des temps modernes, de 1453 jusqu'à 1789, par le même. 4 fr.
Histoire de France, par le même. 2 volumes. 8 fr.
Histoire d'Angleterre, par M. Fleury. 4 fr.
Histoire d'Italie, par M. Zeller. 5 fr.
Histoire de Russie, par M. Rambaud. 6 fr.

Histoire de l'Autriche-Hongrie, par M. Louis Leger. 5 fr.
Histoire de l'empire Ottoman, par M. de la Jonquière. 6 fr.
Histoire de la littérature grecque, par M. Pierron. 4 fr.
Histoire de la littérature romaine, par le même. 4 fr.
Histoire de la littérature française, par M. Demogeot. 4 fr.
Histoire des littératures étrangères, par le même. 2 vol. 8 fr.
Histoire de la littérature anglaise, par M. Augustin Filon. 6 fr.
Histoire de la littérature italienne, par M. Etienne. 4 fr.
Histoire de la physique et de la chimie, par M. Hoefer. 4 fr.
Histoire de la botanique, de la minéralogie et de la géologie, par le même. 4 fr.
Histoire de la zoologie, par le même. 4 fr.
Histoire de l'astronomie, par le même. 4 fr.
Histoire des mathématiques, par le même. 4 fr.
Dictionnaire historique des institutions, mœurs et coutumes de la France, par M. Chéruel. 2 vol. 12 fr.

Joran, professeur d'histoire au collège Stanislas. *Programme développé d'histoire des temps modernes et d'histoire littéraire*, à l'usage des candidats à l'école spéciale milit. de St-Cyr. 1 vol. in-16, br. 4 fr. 50 c.

Lalanne (Ludovic). *Dictionnaire historique de la France.* 1 vol. gr. in-8, br. 21 fr.
   Le cartonnage se paye en sus 2 fr. 75 c.

La Ville de Mirmont (H. de), maître de conférence à la Faculté des lettres de Bordeaux, *Mythologie élémentaire des Grecs et des Romains*, précédée d'un précis des mythologies orientales. 1 vol. in-16 avec 45 figures d'après l'antique, cartonnage toile. 1 fr. 50 c.

Lehugeur (Paul). *Sommaires d'histoire romaine.* 1 vol. in-16, cart. toile. 1 fr. 50 c.

Van den Berg. *Petite histoire ancienne des peuples de l'Orient.* 1 vol. petit in-16, avec cartes et gravures, cart. 3 fr. 50 c.

— *Petite histoire des Grecs.* 1 vol. petit in-16, avec 19 cartes et 85 gravures, cartonnage toile. 4 fr. 50 c.

5° GÉOGRAPHIE

Atlas manuel de géographie moderne, composé de 54 cartes imprimées en couleur. 1 vol. in-folio, relié. 32 fr.

Cortambert. *Atlas :*
Atlas (petit) *de géographie ancienne* (16 cartes). Gr. in-8, cart. 2 fr. 50 c.

GÉOGRAPHIE

Atlas (petit) *de géographie du moyen âge* (15 cartes). Gr. in-8, cart. 2 fr. 50 c.
Atlas (petit) *de géographie moderne* (20 cartes). Gr. in-8, cart. 3 fr. 50 c.
Atlas (petit) *de géographie ancienne et moderne* (40 cartes). Gr. in-8. 7 fr. 50 c.
Atlas (petit) *de géographie ancienne, du moyen âge et moderne* (56 cartes). Gr. in-8, cart. 9 fr.
Atlas de géographie moderne (66 cartes in-4°), relié en percaline. 12 fr.
Atlas (nouvel) *de géographie ancienne, du moyen âge et moderne* (100 cartes in-4°) relié en percaline. 16 fr.
— *Cours complet de géographie*, contenant les matières indiquées par les programmes de 1885, à l'usage des lycées et des collèges. 10 vol. in-16, cart., avec gravures dans le texte, et accompagnés d'atlas in-8 correspondant aux matières enseignées dans chaque classe :
Notions élémentaires de géographie générale et notions sur la géographie physique de la France, suivies d'un cadre pour une description de département (classe Préparatoire). 80 c.
Géographie élémentaire des cinq parties du monde, suivie d'un aperçu des grands voyages et des principales découvertes (classe de Huitième). 80 c.
Atlas correspondant (23 cartes). 3 fr. 50 c.
Géographie élémentaire de la France (classe de Septième). 1 vol. 1 fr. 20 c.
Atlas correspondant (14 cartes). 2 fr. 50 c.
Géographie générale de l'Europe et du bassin de la Méditerranée (classe de Sixième). 1 vol. 1 fr. 50 c.
Atlas correspondant (33 cartes). 5 fr.
Géographie de l'Asie, de l'Afrique, de l'Océanie et de l'Amérique (classe de Cinquième). 1 vol. 1 fr. 50 c.
Atlas correspondant (41 cartes). 6 fr.
Géographie physique et politique de la France (classe de Quatrième). 1 vol. Prix : 1 fr. 50 c.
Atlas correspondant (26 cartes). 4 fr.
Géographie physique, politique et économique de l'Europe, moins la France (classe de Troisième). 1 vol. 2 fr.
Atlas correspondant (33 cartes). 5 fr.
Géographie physique, politique et économique de l'Asie, de l'Afrique, de l'Océanie et de l'Amérique, précédée d'un résumé de géographie générale (classe de Seconde). 1 vol. 3 fr.
Atlas correspondant (39 cartes). 5 fr. 50 c.
Géographie physique, politique, administrative et économique de la France et de ses possessions coloniales (classe de Rhétorique). 1 vol. 3 fr.
Atlas correspondant (18 cartes). 3 fr. 50 c.
Éléments de géographie générale (classe de Mathématiques préparatoires). 1 volume. 1 fr. 50 c.
— *Cours de géographie*, comprenant la description physique et politique, et la géographie historique des diverses contrées du globe. 1 vol. in-16, cart. 4 fr. 25 ca
— *Petit cours de géographie moderne.* 1 vol. in-16, cartonné. 1 fr. 50 c.
Joanne (P.. *Géographies départementales de la France et de l'Algérie*. 87 v. in-16, cart.

La description de chaque département accompagnée d'une carte et de gravures, et suivie d'un dictionnaire alphabétique des communes, se vend séparément, 1 fr.
Le département de la Seine. 1 fr. 50 c.
L'Algérie, par M. Fillias, 1 fr. 50 c.

Meissas et **Michelot**. *Atlas et cartes.*

PETITS ATLAS FORMAT IN-8°.

A. *Atlas élémentaire* de géographie moderne (8 cartes écrites). 2 fr. 50 c.
B. *Le même*, avec 8 cartes muettes (16 cartes), cartonné. 3 fr. 50 c.
C. *Atlas universel de géographie moderne* (17 cartes écrites), cart. 5 fr.
D. *Le même*, avec 8 cartes muettes (25 cartes), cartonné. 6 fr.
E. *Atlas de géographie ancienne et moderne* (36 cartes écrites), cart. 9 fr.
F. *Le même*, avec 8 cartes muettes (44 cartes), cartonné. 10 fr.
G. *Atlas universel de géographie ancienne, du moyen âge et moderne et de géographie sacrée* (54 cartes écrites), cartonné. 14 fr.
H. *Le même*, avec 8 cartes muettes (62 cartes), cartonné. 15 fr.
Atlas de géographie ancienne (19 cartes écrites), cartonné. 5 fr.
Atlas de géographie du moyen âge (10 cartes écrites), cart. 3 fr. 50 c.
Atlas de géographie sacrée (8 cartes écrites), cartonné. 2 fr.
Chacune des cartes écrites séparément. 35 c.

GRANDS ATLAS FORMAT IN-FOLIO.

A. *Atlas élémentaire* (8 cartes écrites). 6 fr.
B. *Le même*, avec 8 cartes muettes (16 cartes), cartonné. 11 fr. 50 c.

C. *Atlas universel* (12 cartes écrites), cartonné. 10 fr. 50 c.
D. *Le même*, avec 8 cartes muettes (20 cartes), cartonné. 15 fr.
E. *Atlas universel* (19 cartes écrites). 15 fr.
F. *Le même*, avec 8 cartes muettes (27 cartes), cartonné. 21 fr.
Chaque carte séparément. 1 fr.

GRANDES CARTES MURALES.

Chaque carte murale est accompagnée d'un questionnaire qui est donné gratuitement aux acquéreurs de la carte à laquelle il se réfère. Chaque questionnaire se vend en outre séparément 30 c.
Les cartes en 16 feuilles ont 1 m. 80 de hauteur sur 2 m. 30 de largeur. Celles en 20 feuilles ont 1 m. 80 de hauteur sur 2 m. 80 de largeur.
Le collage sur toile, avec gorge et rouleau, se paye en sus : 1° pour les cartes en 16 feuilles, 12 fr.; 2° pour les cartes en 20 feuilles, 14 fr.

Géographie ancienne.

Empire romain écrit. 16 feuilles. 10 fr.

Géographie moderne.

Afrique écrite. 16 feuilles. 10 fr.
Amériques septentrionale et méridionale écrites. 20 feuilles. 12 fr.
Asie écrite. 16 feuilles. 10 fr.
Europe écrite. 16 feuilles. 9 fr.
France, Belgique et Suisse écrites. 16 feuilles. 9 fr.
Mappemonde écrite. 20 feuilles. 12 fr.
Mappemonde muette. 20 feuilles. 10 fr.
— *Nouvelles grandes cartes murales* indiquant le relief du terrain, tirées en couleur sur 12 feuilles jésus mesurant 2 mètres de haut sur 2 mètres 10 de large.
Le collage sur toile, avec gorge et rouleau, se paye en sus, 12 fr.
Europe écrite. 15 fr.
France muette ou *écrite.* 15 fr.
Il existe aussi une collection de *petites cartes murales*, dont le détail se trouve dans la Notice des livres élémentaires.
— *Géographie ancienne.* In-16. 2 fr. 50 c.
— *Petite géographie ancienne.* In-18. 1 fr.
— *Nouvelle géographie méthodique.* 1 vol. in-16, cartonné. 2 fr. 50 c.
— *Géographie sacrée.* In-18, cart. 1 fr. 25 c.
Reclus (Onésime). *Géographie* : la terre à vol d'oiseau. 2 vol. in-16, br. 10 fr.
— *France, Algérie et colonies.* 1 vol. in-16, broché. 5 fr. 50 c.
Schrader et Prudent. *Grandes cartes murales.* Ces cartes sont imprimées en couleur et mesurent 1 mètre 60 sur 1 mètre 90. En vente :
Amérique du Sud écrite ; — *France politique écrite.*
Chaque carte en feuilles, 9 fr.; collée sur toile avec œillets, 15 fr.; collée sur toile avec gorge et rouleau, 16 fr.

6° PHILOSOPHIE, DROIT, ÉCONOMIE POLITIQUE

AUTEURS FRANÇAIS

Condillac. *Traité des sensations*, livre I. Nouvelle édition, annotée par M. Charpentier, professeur de philosophie au lycée Louis-le-Grand. Petit in-16, br. 1 fr. 50 c.
Descartes : *Discours de la méthode ; première méditation.* Nouvelle édition classique, annotée par M. Charpentier. 1 vol. petit in-16, cart. 1 fr. 50 c.
— *Les principes de la philosophie*, livre I. Nouvelle édition, annotée par le même auteur. 1 vol. petit in-16, br. 1 fr. 50 c.
Leibniz : *Extraits de la Théodicée*, publiés et annotés par M. P. Janet, de l'Institut. 1 vol. petit in-16, cart. 2 fr. 50
— *Nouveaux essais sur l'entendement humain*, avant-propos et livre I, publié d'après les meilleurs manuscrits, avec des notes, par M. P. Lachelier, maître de conférences à la Faculté des lettres de Caen. 1 vol. petit in-16, cart. 1 fr. 75 c.
— *La monadologie*, publiée d'après les manuscrits de la bibliothèque de Hanovre, avec notes, par le même. Pet. in-16, c. 1 fr.
Malebranche : *De la recherche de la vérité*, livre II, annoté par M. R. Thamin, maître de conférences à la Faculté des lettres de Lyon. Petit in-16, cart. 1 fr. 50 c.
Pascal : *Opuscules philosophiques*, publiés par M. Adam, chargé du cours de de philosophie à la Faculté des lettres de Dijon. 1 vol. petit in-16, cart. 1 fr. 50 c.

AUTEURS LATINS

Cicéron : *De natura Deorum*, livre II. Texte latin, annoté par M. Thiaucourt, maître de conférences à la Faculté des lettres de Nancy. 1 vol. petit in-16, cartonné. 1 fr. 50 c.
Le même ouvrage, traduction française, de J. V. Le Clerc, sans le texte latin. 1 vol. petit in-16, broché. 1 fr.

PHILOSOPHIE

De officiis, libri tres. Texte latin, annoté par M. H. Marchand. 1 v. in-16, cart. 1 fr.
Le même ouvrage, traduction française, par M. Sommer, sans le texte latin, 1 vol. in-16, broché. 1 fr. 50 c.
Lucrèce : *De natura rerum*, livre v. Texte latin, annoté par MM. Benoist et Lantoine. 1 vol. petit in-16, cart. 90 c.
De la nature, traduction française, par M. Palin. 1 vol. in-16, broché. 3 fr 50 c.
Sénèque : *Lettres à Lucilius* (les seize premières). Texte latin, annoté par M. Aubé, ancien professeur de philosophie au lycée Condorcet. 1 vol. petit in-16, cartonné. 75 c.
Le même ouvrage, traduction française par M. Baillard, sans le texte. 1 vol. in-16, broché. 1 fr.
Œuvres complètes, traduites en français, avec des notes, par M. J. Baillard. 2 vol. in-16, brochés. 7 fr.

AUTEURS GRECS

Aristote : *Morale à Nicomaque*, livre x. Texte grec, annoté par M. Hannequin, professeur au lycée de Lyon. 1 vol. petit in-16, cartonné. 1 fr. 50 c.
Le même ouvrage, traduction française de Fr. Thurot, avec une introduction et des notes, par Ch. Thurot. 1 vol petit in-16, broché. 75 c.
Épictète : *Manuel*. Texte grec, publié avec des notes et un vocabulaire, par M. Thurot. 1 vol. petit in-16, cart. 1 fr.
Le même ouvrage, traduction française, par M. Fr. Thurot, sans le texte grec. 1 vol. petit in-16, br. 1 fr.
Platon : *République*, 6e livre. Texte grec, annoté par M. Aubé, ancien professeur de philosophie au lycée Condorcet. 1 vol. petit in-16, cartonné. 1 fr. 50 c.
Le même ouvrage, traduction française, par M. Aubé. 1 v. petit in-16, br. 1 fr.
— *République*, 7e livre. Texte grec, annoté par M. Aubé. Petit in-16, cart. 1 fr. 50 c.
Le même ouvrage, traduction française, par M. Aubé. 1 volume petit in-16, broché. 1 fr. 50 c.
— *République*, 8e livre. Texte grec, précédé d'une notice sur la vie et les ouvrages de Platon, d'une introduction comprenant : 1º Objet de la République de Platon ; 2º Analyse des dix livres de la République ; 3º Étude sur le huitième livre de la République ; et accompagnée de notes par M. Aubé. Petit in-16, cart. 1 fr. 50 c.
Le même ouvrage, traduction française, par M. Aubé. 1 vol. petit in-16. br. 1 fr.

Xénophon : *Mémorables*, livre I. Texte grec, annoté par M. Lebègue, maître de conférences à l'École des Hautes Études. 1 vol. petit in-16, cartonné. 1 fr.
— *Entretiens mémorables de Socrate*, traduction française par M. Sommer, sans le texte. 1 vol petit in-16, broché. 1 fr. 75 c.

OUVRAGES DIVERS

Adam, professeur à la Faculté des lettres de Dijon. *Étude sur les principaux philosophes*. 1 vol. in-16, broché. 4 fr.
Bouillier, membre de l'Institut. *Du plaisir et de la douleur*. 1 vol. in-16. 3 fr. 50 c.
— *La vraie conscience*. 1 volume in-16, broché. 3 fr. 50 c.
— *Études familières de psychologie et de morale*. 2 vol. in-16, brochés. 7 fr.
Chaque volume se vend séparément.
— *Questions de morale pratique*.. 1 vol. in-16, broché. 3 fr. 50 c.
Caro, ancien professeur à la Faculté des lettres de Paris. *L'idée de Dieu et ses nouveaux critiques*. 1 vol. in-16, br. 3 fr. 50 c.
— *Le matérialisme et la science*. 1 volume in-16, broché. 3 fr. 50 c.
— *Études morales sur le temps présent*. 2 vol. in-16, brochés. 7 fr.
— *Le pessimisme au XIXe siècle*. 1 vol. in-16, broché. 3 fr. 50 c.
— *La philosophie de Gœthe*. In-16. 3 fr. 50 c.
— *Problèmes de morale sociale*. 1 vol. in-16, broché. 3 fr. 50 c.
— *Philosophie et philosophes*. 1 volume in-16. 3 fr. 50 c.
Carrau, ancien maître de conférences à la Faculté des lettres de Paris. *Étude sur la théorie de l'évolution*. In-16, br. 3 fr. 50 c.
Fouillée, maître de conférences à l'École normale supérieure. *L'idée moderne du droit en Allemagne, en Angleterre et en France*. 1 vol. in-16, broché. 3 fr. 50 c.
— *La science sociale contemporaine*. 1 vol. in-16, broché. 3 fr. 50 c.
— *La philosophie de Platon*. 3 volumes in-16. 10 fr. 50 c.
Franck, membre de l'Institut. *Dictionnaire des sciences philosophiques*. 1 fort vol. grand in-8, broché. 35 fr.
Le cartonnage se paye en sus 2 fr. 75.
— *Essais de critique philosophique*. 1 vol. in-16, broché. 3 fr. 50 c.
Jacques, Jules Simon et Saisset. *Manuel de philosophie*. 1 vol. in-8. 8 fr.

Joly, professeur à la Faculté des lettres de Paris. *Psychologie comparée : l'homme et l'animal.* 1 vol. in-16, br. 3 fr. 50 c.
— *Psychologie des grands hommes.* 1 vol. in-16, broché. 3 fr. 50 c.
Jouffroy (Th.). *Cours de droit naturel.* 2 vol. in-16, brochés. 7 fr.
— *Mélanges philosophiques.* 1 volume in-16, broché. 3 fr. 50 c.
— *Nouveaux mélanges philosophiques.* 1 volume in-16, broché. 3 fr. 50 c.
Jourdain (C.). *Notions de philosophie,* comprenant des *notions d'économie politique.* 18e édition, refondue conformément aux programmes de 1880. 1 vol. in-16, broché. 5 fr.
Le Roy (Albert). *Sujets et développements de compositions françaises* (dissertations philosophiques) données à la Sorbonne, de 1866 à 1883. In-8, br. 5 fr.
Rabier (E.), professeur de philosophie au lycée Charlemagne, membre du Conseil supérieur de l'instruction publique. *Leçons de philosophie.* Nouveau cours, contenant les matières indiquées par les programmes de 1885. 3 vol. in-8, br :
Tome Ier. *Psychologie.* In-8. 7 fr. 50 c.
Ouvrage couronné par l'Institut.

Tome II. *Logique.* 1 vol. 5 fr.
Ravaisson. *La philosophie en France au* XIXe *siècle.* 1 vol. in-8, broché. 7 fr. 50 c.
Simon (Jules). *La religion naturelle.* 1 vol. in-16, broché. 3 fr. 50 c.
— *Le devoir.* 1 vol. in-16, br. 3 fr. 50 c.
— *La liberté civile.* 1 vol. in-16. 3 fr. 50 c.
— *La liberté politique.* In-16. 3 fr. 50 c.
— *La liberté de conscience.* In-16. 3 fr. 50 c.
— *L'école.* 1 vol. in-16, br. 3 fr. 50 c.
— *L'ouvrière.* 1 vol. in-16, br. 3 fr. 50 c.
Taine. *Les philosophes classiques du* XIXe *siècle en France.* In-16, br. 3 fr. 50 c.
— *De l'intelligence.* 2 vol. in-16, br. 7 fr.
Tridon Péronneau. *Recueil de dissertations philosophiques.* 1 v. in-16, br. 2 fr.
Vacherot (E.), membre de l'Institut. *Le nouveau spiritualisme.* 1 v. in-8. 7 fr. 50 c.
Zeller. *La philosophie des Grecs,* traduite de l'allemand, par M. E. Boutroux, maitre de conférences à l'Ecole normale supérieure et par ses collaborateurs :
Tome I et II. *La philosophie des Grecs avant Socrate,* par M. Boutroux. 2 vol. in-8, brochés. 20 fr.
Tome III. *Socrate et les socratiques,* par M. Belot. 1 vol. in-8, br. 10 fr.

7° SCIENCES ET ARTS
§ 1. *Arithmétique et applications diverses.*

Bertrand (Joseph). *Traité d'arithmétique.* 1 vol. in-8, broché. 4 fr.
Cirodde (P.-L.). *Leçons d'arithmétique.* 1 vol. in-8, broché. 4 fr.
Degranges (Edmond). *Arithmétique commerciale et pratique.* In-8, broché. 5 fr.
— *La tenue des livres.* In-8, broché. 5 fr.
Dupuis. *Tables de logarithmes* à sept décimales, d'après Callet, Vega, Bremiker, etc. 1 vol. grand in-8, cart. 10 fr.
— *Tables de logarithmes* à cinq décimales, d'après Lalande. 1 vol. grand in-18, cartonnage toile. 2 fr. 50 c.
— *Tables de logarithmes* à quatre décimales. 1 vol. petit in-16, cartonné. 75 c.
Hoefer. *Histoire des mathématiques.* 1 vol. in 16, broché. 4 fr.
Maire. *Arithmétique,* contenant les matières indiquées par les programmes de 1885, suivie des éléments du système métrique et du tracé des figures les plus simples de la géométrie plane. 2 vol. in-16, cartonnés :

Classes Préparatoire et de Huitième. 1 vol. 1 fr.
Classe de Septième. 1 vol. 1 fr. 50 c.
Pichot, ancien censeur du lycée Condorcet. *Arithmétique et géométrie,* rédigées conformément aux programmes de 1885, pour les classes de Septième, Sixième et Cinquième. In-16, cart. 2 fr. 50 c.
— *Arithmétique élémentaire,* rédigée conformément aux programmes de 1885, à l'usage des classes de Quatrième, Troisième et Philosophie. 1 v. in-16, cart. 2 fr.
— *Éléments d'arithmétique* à l'usage de la classe de Mathématiques élémentaires. 1 vol. in-8, broché. 3 fr.
Sonnet. *Problèmes et exercices d'arithmétique et d'algèbre.* 2 vol. in-8, br. 5 fr.
— *Dictionnaire des mathématiques appliquées.* 1 vol. grand in-8, broché. 30 fr.
Le cartonnage se paye en sus 2 fr. 75.
Tombeck. *Traité d'arithmétique.* 1 volume in-8, broché. 4 fr.

§ 2. Géométrie ; Arpentage; Dessin.

Bos, anc. insp. d'Académie. *Géométrie élémentaire*, rédigée conformément aux programmes de 1885, à l'usage des classes de Quatrième, Troisième, Seconde, Rhétorique et Philosophie. 1 vol. in-16, cart. 2 fr.

Bos et Rebière. *Éléments de géométrie*, à l'usage de la classe de Mathématiques élémentaires. 1 vol. in-8, broché. 7 fr.

Bougueret, professeur de dessin au lycée Saint-Louis. *Cours de dessin et notions de géométrie*, à l'usage des classes élémentaires de dessin. 50 planches in-4. Prix : 7 fr. 50 c.

On vend séparément :

Dessin et géométrie des figures planes. 23 planches. 3 fr. 50 c.

Dessin et géométrie des solides. 12 planches. 1 fr. 75 c.

Constructions géométriques et lavis. 15 planches. 2 fr. 25 c.

Briot et Vacquant. *Arpentage, levé des plans, nivellement.* 1 vol. in-16, avec des figures et des planches, broché. 3 fr.

— *Éléments de géométrie :*
1º *Théorie.* In-8, avec figures. 5 fr.
2º *Application.* In-8, avec fig. 3 fr. 50 c.

Sonnet. *Géométrie théorique et pratique.* 2 vol. in-8, texte et planches, br. 6 fr.

Tombeck. *Traité de géométrie élémentaire.* 1 vol. in-8, broché. 5 fr.

— *Précis de levé des plans, d'arpentage et de nivellement.* In-8, broché. 1 fr. 50 c.

§ 3. Algèbre ; Géométrie analytique; Géométrie descriptive; Trigonométrie.

Bertrand (Joseph), membre de l'Institut. *Traité d'algèbre :*

1re *partie*, à l'usage des classes de Mathématiques élémentaires. In-8. 5 fr.

2e *partie*, à l'usage des classes de Mathématiques spéciales. 1 vol. in-8, br. 5 fr.

Bos. *Éléments d'algèbre*, à l'usage de la classe de Mathématiques élémentaires et des candidats au baccalauréat ès sciences. 1 vol. in-8, broché. 5 fr.

Briot et Vacquant. *Éléments de géométrie descriptive*, à l'usage des classes de Mathématiques élémentaires et des candidats au baccalauréat ès sciences. 1 vol. in-8, avec figures, broché. 3 fr. 50 c.

Dessenon *Éléments de géométrie analytique*, à l'usage des candidats aux écoles du gouvernement et des élèves de première année de la classe de Mathématiques spéciales. 1 vol. in-8, avec figures, broché. 7 fr. 50 c.

Kiæs. *Traité élémentaire de géométrie descriptive :*

1re *partie*, à l'usage des classes de Mathématiques élémentaires et des candidats au baccalauréat ès sciences. 1 vol. in-8 de texte et 1 vol. in-8 de planches. 7 fr.

2e *partie*, à l'usage des classes de Mathématiques spéciales et des candidats aux Écoles normale supérieure, polytechnique et centrale. 1 vol. in-8 de texte et 1 vol. in-8 de planches, brochés. 10 fr.

Launay, professeur au lycée Charlemagne. *Éléments d'algèbre*, rédigés conformément aux programmes de 1885, à l'usage des classes de Troisième, Seconde et Philosophie 1 vol. in-16, avec figures, cartonnage toile. 3 fr.

Pichot. *Algèbre élémentaire*, contenant les matières des programmes de 1885, à l'usage des classes de Troisième, Seconde et Philosophie. 1 v. in-16, cart. 2 fr.

— *Éléments de trigonométrie rectiligne*, à l'usage de la classe de Mathématiques élémentaires. 1 vol. in-8 br. 3 fr. 50 c

14 SCIENCES ET ARTS

Pichot et **de Batz de Trenquelléon.** *Géométrie descriptive*, à l'usage des candidats au baccalauréat ès sciences. 1 vol. in-8, avec figures, broché. 1 fr. 50 c.
— *Complément de géométrie descriptive*, à l'usage des candidats à Saint-Cyr. 1 vol. in-8, avec figures, broché. 2 fr.
Sonnet. *Algèbre élémentaire.* In-8, br. 6 fr.
— *Premiers éléments d'algèbre*, extraits du précédent ouvrage. In-16, br. 2 fr. 50 c.

Sonnet et Frontera. *Éléments de géométrie analytique*, rédigés conformément au dernier programme d'admission à l'École normale supérieure. In-8, br. 8 fr.
Tombeck. *Traité élémentaire d'algèbre*, à l'usage des classes de Mathématiques élémentaires. 1 vol. in-8, broché. 4 fr.
— *Cours de trigonométrie rectiligne.* 1 vol. in-8, broché. 2 fr. 50 c.
— *Traité élémentaire de géométrie descriptive.* 1 vol. in-8, broché. 2 fr. 50 c.

§ 4. *Mécanique.*

Collignon, inspecteur de l'École des ponts et chaussées. *Traité de mécanique.* 5 v. in-8, avec figures, brochés. 37 fr. 50 c.
1re partie, *Cinématique.* 1 vol. 7 fr. 50 c.
2e partie, *Statique.* 1 vol. 7 fr. 50 c.
3e partie, *Dynamique.* liv. I à IV. 7 fr. 50 c.
4e partie, *Dynamique.* livres V à VII, 1 volume. 7 fr. 50 c.
5e partie, *Compléments.* 1 vol. 7 fr. 50 c.
Mascart, professeur au Collège de France. *Éléments de mécanique*, rédigés conformément au programme de l'enseignement scientifique dans les lycées. In-8, br. 3 fr.
Mondiet et Thabourin : *Cours élémentaire de mécanique*, avec des énoncés et des problèmes, à l'usage de la classe de Mathématiques élémentaires. 3 vol. in-8, avec figures, brochés :
Tome I. *Principes ;* 3e éd. en 2 fascicules :
1er fascicule. *Statique.* 1 vol. 2 fr. 50 c.
2e fascicule. *Cinématique.* 1 v. 2 fr. 50 c.
Tome II. *Mécanismes.* 1 vol. 3 fr.
Tome III. *Moteurs.* 1 vol. 6 fr.
Pichot et de Batz de Trenquelléon. *Éléments de mécanique*, à l'usage de la classe de Mathématiques élémentaires. 1 vol. in-8, avec figures, br. 3 fr. 50 c.
Sonnet. *Premiers éléments de mécanique appliquée.* 1 vol. in-16, avec planches. 1 fr.
Tombeck. *Notions de mécanique*, à l'usage des élèves des lycées. 1 vol. in-8. 2 fr.

§ 5. *Cosmographie.*

Guillemin (Am.). *Éléments de Cosmographie*, rédigés conformément au programme de 1885, à l'usage de la classe de Rhétorique. In-16, avec figures, cartonnage toile. 3 fr.
Pichot. *Traité élémentaire de cosmographie*, à l'usage de la classe de Mathématiques élémentaires. 1 vol. in-8, avec 207 figures et 2 planches, broché. 6 fr.
— *Cosmographie élémentaire*, contenant les matières du programme de 1885, à l'usage de la classe de Rhétorique. 1 volume in-16, avec 147 figures, cartonnage toile. 2 fr. 50 c.
Tombeck. *Cours de cosmographie.* 1 vol. in-8, avec figures, broché. 3 fr. 50 c.

§ 6. *Physique; Chimie.*

Albert-Lévy. *Premiers éléments des sciences expérimentales*, contenant les matières indiquées par le programme de 1880, à l'usage de la classe de Septième. 1 v. in-16, avec 190 fig., cart. 2 fr. 50 c.
Angot, ancien professeur de physique au lycée Condorcet. *Éléments de physique*, contenant les matières indiquées par les programmes de 1885, à l'usage des classes de Troisième, Seconde et Philosophie.

SCIENCES ET ARTS

3 vol. in-16, réunis en un, avec de nombreuses figures, cartonné. 5 fr.
— *Traité de physique élémentaire*, conforme aux programmes du baccalauréat ès sciences, et répondant aux derniers programmes pour l'admission à l'École polytechnique. 1 vol. in-8, broché. 8 fr.
Cartonnage toile. 9 fr.

Boutet de Monvel, professeur de physique et de chimie au lycée Charlemagne. *Notions de physique*, à l'usage des classes de Troisième, Seconde et Rhétorique. 3 vol. in-16, cart. Chaque vol. 2 fr.
— *Notions de chimie*, à l'usage des classes de lettres et des candidats à l'École Saint-Cyr. 1 vol. in-16, broché. 2 fr. 50 c.

Demoulin (Mme). *Leçons de choses* (les solides — l'eau — l'air), contenant les matières indiquées par le programme de 1885, à l'usage de la classe Préparatoire. 1 vol. in-16, avec 179 gravures, cartonné. 1 fr. 50 c.

Ganot. *Traité élémentaire de physique*; 20e édition refondue et complétée par M. Maneuvrier agrégé des sciences physiques. 1 fort vol. in-16, avec 1147 fig., broché. 8 fr.
Cartonnage toile. 8 fr. 50 c.
— *Cours de physique purement expérimental et sans mathématiques*; 9e édition, complètement refondue et rédigée à nouveau, par M. Maneuvrier. 1 vol. in-16, avec 569 fig., broché. 6 fr.
Cartonnage toile. 6 fr. 50 c.

Gossin, proviseur du lycée de Lille. *Cours de physique*, rédigé conformément aux programmes de 1885, à l'usage des classes de Troisième, Seconde et Philosophie. 1 vol. in-16, avec figures, cart. 4 fr.

Joly, maître de conférences à la Faculté des sciences de Paris. *Éléments de chimie*, rédigés conformément aux programmes de 1885, à l'usage des classes de Rhétorique et de Philosophie. 1 vol. in-16, avec figures, cartonnage toile. 3 fr.

Payen. *Précis de chimie industrielle*; 6e édition, revue et mise au courant par M. Vincent. 2 vol. in-8 de texte et 1 vol. de planches, brochés. 32 fr.

Privat-Deschanel, ancien proviseur du lycée de Vanves. *Premières notions de chimie*. 1 vol. petit in-16, avec figures, cartonné. 1 fr. 25 c.

Privat-Deschanel et Pichot. *Notions élémentaires de physique*, contenant les matières des programmes de 1885, à l'usage des classes de Troisième, Seconde et Philosophie. 1 fort vol. in-16, avec 491 figures, cartonné. 5 fr.

Schützenberger, professeur au Collège de France. *Éléments de chimie*, contenant les matières des programmes de 1885, à l'usage des classes de Rhétorique et de Philosophie. 1 vol. in-16, avec 124 figures, cartonné. 3 fr.

§ 7. *Histoire naturelle.*

Baillon, professeur à la Faculté de médecine de Paris. *Éléments d'histoire naturelle des végétaux*, rédigés conformément au programme de 1880, à l'usage de la classe de Huitième. 1 vol. in-16, avec 410 figures, cartonné. 2 fr. 50 c.
— *Cours élémentaire de botanique*, à l'usage de la classe de Quatrième. 1 vol. in-16, avec 821 figures, cartonné. 3 fr.

Delafosse. *Précis élémentaire d'histoire naturelle*. In-16, avec 368 figures. 6 fr.

Delage, maître de conférences à l'École des sciences d'Alger. *Éléments d'histoire naturelle des pierres et des terrains*, contenant les matières indiquées par les programmes de 1885 : 2 vol. in-16, cart.
   Classe de Septième. 1 vol. 2 fr.
   Classe de Quatrième. 1 vol. 2 fr.

Gervais. *Éléments de zoologie*, comprenant l'anatomie, la physiologie, la classification et l'histoire naturelle des animaux ; 4e édit. 1 v. in-8, avec 604 figures et 3 planches, broché. 9 fr.
— *Cours élémentaire d'histoire naturelle*, contenant les matières des programmes de 1885. 2 vol. in-16, avec fig., cart. :
   Zoologie. Classe de Sixième. 1 vol. 3 fr.
   Géologie et Botanique. Classes de Cinquième et de Quatrième. 1 volume. 3 fr.

Mangin, professeur au lycée Louis-le-Grand. *Cours élémentaire de botanique*, rédigé conformément au programme de 1885, à l'usage de la classe de Cinquième. 1 vol. in-16, avec 446 figures, cartonnage toile. 3 fr. 50 c.
— *Anatomie et physiologie végétales*, rédigées conformément au programme de 1885, à l'usage de la classe de Philosophie. 1 vol. in-16, avec fig., cart. toile. 5 fr.

Perrier, professeur au Muséum d'histoire naturelle de Paris. *Eléments de zoologie*, rédigés conformément au programme de 1885, à l'usage de la classe de Sixième. 1 vol. in-16, avec 328 figures, cartonnage toile. 3 fr.

— *Anatomie et physiologie animales*, contenant les matières indiquées par le programme de 1885, à l'usage de la classe de Philosophie. 1 vol. in-8, avec 328 figures, broché. 8 fr.

Seignette, professeur au lycée Condorcet. *Premières notions sur les pierres et les terrains*, rédigées conformément au programme de 1885, à l'usage de la classe de Septième. 1 vol. in-16, avec figures, cartonné. » »
— *Cours élémentaire de géologie*, rédigé conformément au programme de 1885, à l'usage de la classe de Quatrième. 1 vol. in-16, avec figures, cartonné. 2 fr. 50 c.

8° ÉTUDE DE LA LANGUE LATINE

Asselin, professeur au collège Rollin. *Choix de dissertations françaises et latines, de vers et de thèmes grecs*, à l'usage des candidats à la licence ès lettres: sujets et développements. 1 vol. in-8. 5 fr.
— *Compositions françaises et latines*, à l'usage des lycées, des collèges. 1 vol. in-8, broché. 6 fr.

Auteurs latins (les) expliqués d'après une méthode nouvelle par deux traductions françaises, l'une littérale et *juxtalinéaire*, présentant le mot à mot français en regard des mots latins correspondants; l'autre correcte et précédée du texte latin; par une société de professeurs et de latinistes. Format in-16, broché:
Cette collection comprend les principaux auteurs qu'on explique dans les classes.

César: Guerre des Gaules, 2 vol. 9 fr.
Chaque volume se vend séparément.
— Guerre civile, livre I. 2 fr. 25 c.
Cicéron: Brutus. 4 fr.
— Catilinaires (les quatre). 2 fr.
— Des lois, livre I. 1 fr. 50 c.
— Des devoirs. 6 fr.
— Dialogue sur l'amitié. 1 fr. 25 c.
— — sur la vieillesse. 1 fr. 25 c.
— Discours pour la loi Manilia. 1 fr. 50 c.
— Discours pour Ligarius. 75 c.
— Discours pour Marcellus. 75 c.
— Discours sur les statues. 3 fr.
— Discours sur les supplices. 3 fr.
— Seconde philippique. 2 fr.
— Plaidoyer pour Archias. 90 c.
— Plaidoyer pour Milon. 1 fr. 50 c.
— Plaidoyer pour Murena. 2 fr. 50 c.
— Songe de Scipion. 50 c.
Cornelius Nepos. 5 fr.
Heuzet: Histoires choisies des écrivains profanes, 2 vol. 12 fr.
Chaque volume séparément. 6 fr.
Livre I.
Livre II. 1 fr. 25 c.
Livre III. 5 fr.
Livre IV. 3 fr. 50 c.
Livre V. 4 fr.
Horace: Art poétique. 75 c.
— Epitres. 2 fr.
— Odes et Épodes. 2 vol. 4 fr. 50 c.
Les livres I et II des Odes. 2 fr.
Les livres III et IV des Odes et les Epodes. 2 fr. 50 c.
— Satires. 2 fr.
Justin: Histoires philippiques, 2 v. 12 fr.
Chaque volume séparément. 6 fr.
Lhomond: Abrégé de l'histoire sainte. 3 fr.
— Sur les hommes illustres de la ville de Rome. 4 fr. 50 c.
Lucrèce: Morceaux choisis de M. Poyard. Prix: 3 fr. 50 c.
Ovide: Choix des métamorphoses. 6 fr.
Phèdre: Fables. 2 fr.
Plaute: L'Aululaire. 1 fr. 75 c.
Quinte-Curce: Histoire d'Alexandre le Grand, 2 vol. 12 fr.
Chaque volume se vend séparément. 6 fr.
Salluste: Catilina. 1 fr. 50 c.
— Jugurtha. 3 fr. 50 c.

ÉTUDE DE LA LANGUE LATINE

Sénèque : De la vie heureuse. 1 fr. 50 c.
Tacite : Annales, 4 vol. 18 fr.
  Chaque volume se vend séparément.
— Germanie (la). 1 fr.
— Histoires. Livres I et II. 5 fr.
— Vie d'Agricola. 1 fr. 75 c.
Térence : Adelphes. 2 fr.
— Andrienne. 2 fr. 50 c.
Tite-Live. Livres XXI et XXII. 5 fr.
— Livres XXIII, XXIV et XXV. 7 fr. 50 c.
Virgile : Bucoliques (les). 1 fr.
— Géorgiques (les). 2 fr.
— Énéide : 4 volumes. 16 fr.
  Chaque volume séparément. 4 fr.
  Chaque livre séparément. 1 fr. 50 c.

Bloume. *Une première année de latin ;* 5e édition. 1 vol. in-16, cartonné. 2 fr.

Bréal, professeur de grammaire comparée au collège de France, et **Person** (Léonce), ancien professeur au lycée Condorcet. *Grammaire latine élémentaire.* 1 v. in-16, cartonnage toile. 2 fr.
— *Exercices.* Voyez *Pressard.*

Bréal et Bailly, professeur au lycée d'Orléans. *Leçons de mots :* les mots latins groupés d'après le sens et l'étymologie :
  Cours élémentaire, à l'usage de la classe de Sixième. In-16, cart. 1 fr. 25 c.
  Exercices sur le Cours élémentaire. Voyez Person.
  Cours intermédiaire, à l'usage des classes de Cinquième et de Quatrième. 1 vol. in-16, cartonné. 2 fr. 50 c.
  Cours supérieur. Dictionnaire étymologique latin. 1 vol. in-8, cart. 9 fr.

Chassang, ancien inspecteur général de l'instruction publique. *Modèles de composition latine,* avec des arguments, des notes et des préceptes sur chaque genre de composition. 1 vol. in-16, cart. 2 fr.

Chatelain, chargé de conférences à la Faculté des lettres de Paris. *Lexique latin-français,* rédigé conformément au décret du 19 juin 1880, à l'usage des candidats au baccalauréat ès lettres ; nouvelle édition. 1 vol. in-16, cart. 6 fr.
  Reconnu conforme à la note officielle du 29 janvier 1881.

Classiques latins ; nouvelle collection, format petit in-16, publiée avec des notices, des arguments analytiques et des notes en français.
  Ces éditions se recommandent par la pureté du texte, la concision des notes, la commodité du format, l'élégance et la solidité du cartonnage.
Cicéron : Extraits des discours (F. Ragon). 2 fr. 50 c.

— Extraits des ouvrages de rhétorique (V. Cucheval, professeur de rhétorique au lycée Condorcet.) 2 fr.
— Choix de lettres (V. Cucheval). 2 fr.
— De amicitia (E. Charles, recteur). 50 c.
— De finibus bonorum et malorum, libri I et II (E. Charles, recteur). 1 fr. 50 c.
— De legibus, livre I (Lucien Lévy, professeur au lycée d'Amiens). 75 c.
— De natura Deorum (Thiaucourt). 1 50
— De re publica (E. Charles). 1 fr. 50 c.
— De signis (E. Thomas, prof. à la Faculté des lettres de Douai. 1 fr. 50 c.
— De suppliciis (E. Thomas). 1 fr. 50 c.
— De senectute (E. Charles). 40 c.
— In M. Antonium oratio philippica secunda (Gantrelle). 1 fr.
— In Catilinam orationes quatuor (Noël, professeur au lycée de Versailles). 60 c.
— Orator (C. Aubert). 1 fr.
— Pro Archia poeta (E. Thomas). 30 c.
— Pro lege Manilia (Noël). 30 c.
— Pro Ligario (Noël). 30 c.
— Pro Marcello (Noël). 30 c.
— Pro Milone (Noël). 40 c.
— Pro Murena (Noël). 40 c.
— Somnium Scipionis (V. Cucheval). 30 c.

Cornelius Nepos (Monginot, professeur au lycée Condorcet). 90 c.

Extraits des Élégiaques romains. (Waltz, professeur à l'École sup. des lettres d'Alger.). 1 fr. 80 c.

Heuzet : Selectæ e profanis scriptoribus historiæ (J. Lemaire). 1 fr. 75 c.

Horace : De arte poetica (M. Albert). 60 c.

Jouvency : Appendix de diis et heroibus (Edeline). 70 c.

Lhomond : De viris illustribus urbis Romæ (Chaine). 1 fr. 10 c.
— Epitome historiæ sacræ (Pressard, prof. au lycée Louis-le-Grand). 60 c.

Lucrèce : De natura rerum, livre V (Benoist et Lantoine). 90 c.
— Morceaux choisis (Poyard, professeur au lycée Henri IV). 1 fr. 50 c.

Ovide : Morceaux choisis des métamorphoses (Armengaud, professeur au lycée de Reims). 1 fr. 80 c.

Pères de l'Église latine : Morceaux choisis (Nourrisson). 2 fr. 25 c.

Phèdre : Fables (Talbert, ancien directeur du collège Rollin). 80 c.

Plaute : L'aululaire (Benoist, professeur à la Faculté des lettres de Paris). 80 c.
— Morceaux choisis (Benoist). 2 fr.

Pline le Jeune : Choix de lettres (Waltz, prof. à l'École sup. d'Alger). 1 fr. 80 c.

Quinte-Curce (Dosson). 2 fr. 25 c.
Quintilien : De institutione oratoria (Dosson). 1 fr. 50 c.
Salluste (Lallier). 1 fr. 80 c.
Sénèque: De vita beata (Delaunay, profes. à la Faculté des lettres de Rennes). 75 c.
— Lettres à Lucilius, 1 à XVI (Aubé). 75 c.
Tacite : Annales (Jacob, professeur au lycée Louis-le-Grand). 2 fr. 50 c
— Hist., livres I et II (Gœlzer). 1 fr. 80 c.
— Vie d'Agricola (Jacob). 75 c.
Térence : Adelphes (Psichari). 80 c.
Tite-Live : (Riemann, maître de conférences à la Faculté des lettres de Paris, et Benoist).
Livres XXI et XXII. 1 vol. 2 fr.
Livres XXIII, XXIV et XXV. 1 vol. 2 fr. 25 c.
Livres XXVI à XXX. 1 vol. 2 fr. 75 c.
Virgile (Benoist). 2 fr. 25 c.
Classiques latins, format in-16. Éditions publiées avec des notes en français, par les auteurs dont les noms sont indiqués entre parenthèses.
Cicero : De officiis (H. Marchand). 1 fr.
— De oratore (Bétolaud). 1 fr. 50 c.
— In Verrem oratio de signis (J. Thibault). 50 c
— Tusculanarum quæstionum libri V (Jourdain). 1 fr. 50 c.
Horatius : Opera (Sommer). 2 fr.
Justinus : Historiæ philippicæ (Pessonneaux). 1 fr. 50 c.
Lucain : La Pharsale (Naudet). 2 fr.
Narrationes selectæ e scriptoribus latinis (Chassang). 2 fr. 25 c.
Pline l'Ancien : Morceaux extraits de l'Histoire naturelle (Chassang). 1 fr. 50
— Panégyrique de Trajan (Bétolaud).
Prix : 75 c.
Sénèque : Choix de lettres morales à Lucilius (Sommer). 1 fr. 25 c
Titus Livius : Narrationes selectæ et res memorabiles (Sommer). 1 fr. 40 c.
Voir ci-dessus *Classiques latins* (nouvelle collection, format petit in-16).

Comte (Ch.), professeur agrégé au lycée Hoche. *Exercices latins à l'usage des commençants*. Recueil de versions et de thèmes écrits ou oraux sur l'Abrégé de Grammaire latine de M. L. HAVET, avec un vocabulaire. 1 vol in-16, cartonnage toile. 2 fr. 50 c.

Éditions à l'usage des professeurs. Textes latins publiés d'après les travaux les plus récents de la philologie, avec des commentaires critiques et explicatifs, des introductions et des notices. Format grand in-8, broché. En vente :

Cicéron : Discours pour le poète Archias, par M. Émile Thomas, professeur à la Faculté des lettres de Lille. 1 volume. 2 fr. 50 c.
— De suppliciis, par le même. 1 vol. 4 fr.
— De signis, par le même, 1 vol. 4 fr.
Cornelius Nepos, par M. Monginot, professeur au lycée Condorcet. 1 vol. 6 fr.
Horace : L'Art poétique, par M. In. Albert, prof. au collège Rollin. 1 v. 2 fr. 50
Lucrèce : De la nature des choses, liv. V, par MM. Benoist, prof. à la Faculté des lettres de Paris et Lantoine. 1 vol. 4 fr.
Salluste : Guerre de Jugurtha, par M. Lallier, ancien professeur à la Faculté des lettres de Paris. 1 v. 4 fr.
— Catilina, par M. Anthoine. 1 v. 6 fr.
Tacite : Annales, par M. Jacob, professeur à Louis-le-Grand. 2 vol. 15 fr.
— Dialogue des orateurs, par M. Goelzer, maître de conférences à la Faculté des lettres de Paris. 1 vol. 4 fr.
Virgile, par M. Benoist. 3 vol. :
Bucoliques et Géorgiques. 1 vol. 7 fr. 50 c.
Énéide; 3e tirage. 2 vol. 15 fr.
Chaque volume séparément. 7 fr. 50 c.

Guérard et Molliard, directeurs des études au collège Sainte-Barbe. *Petit dictionnaire latin-français*. 1 vol. in-16, cartonnage toile. 4 fr.

Havet (L.), prof. de philologie latine au Collège de France. *Abrégé de grammaire latine*, à l'usage des classes de grammaire. 1 vol. in-16, cart. en percaline. 1 fr. 50

— *Exercices*. Voyez *Comte*.

Le Roy. *Sujets et développements de compositions latines*. In-8, br. 3 fr. 50 c.
— *Sujets et développements de compositions données dans les Facultés, de 1860 à 1873, ou proposées comme exercices préparatoires pour les examens de la licence ès lettres*, avec des observations de M. Dübner. 2e édition. 1 vol. In-8, br. 4 fr.

Lhomond. *Éléments de la grammaire latine*. 1 vol. in-16, cartonné. 80 c.

Marais. *Recueil de versions latines* dictées dans les Facultés, depuis 1874 jusqu'en 1881, pour l'examen du baccalauréat ès sciences; *textes et traductions*. 2 vol. in-8, brochés. 6 fr.
Chaque volume séparément. 3 fr.

Merlet. *Études littéraires sur les grands classiques latins*, avec des extraits empruntés aux meilleures traductions. 1 vol. in-16, broché. 4 fr.

ÉTUDE DE LA LANGUE LATINE

Méthode uniforme pour l'enseignement des langues, par E. Sommer.
Abrégé de grammaire latine. In-16, cartonné. 1 fr. 25 c.
Questionnaire sur l'Abrégé de grammaire latine. In-16, cartonné. 50 c.
Exercices sur l'Abrégé de grammaire latine. 1 vol. in-16, cart. 1 fr. 25 c.
Corrigé desdits exercices. In-16. 1 fr. 50 c.
Cours de versions latines, extraites du Recueil de Jacobs. 1re partie. 1 vol. in-16, cartonné. 1 fr.
Corrigé. 1 vol. in-16, broché. 1 fr. 25 c.
Cours de versions latines. 2e partie. 1 vol. in-16, cart. 1 fr.
Corrigé. 1 vol. in-16, broché. 1 fr. 25 c.
Cours de thèmes latins. In-16. 1 fr. 50 c.
Cours complet de grammaire latine. 1 vol. in-8, cartonné. 2 fr. 50 c.
Exercices sur le Cours complet de grammaire latine. In-8, cart. 2 fr. 50 c.
Voir pages 6 et 23 pour les *langues françaises et grecques*.

Ioël. *Dictionnaire français-latin ;* nouvelle édition revue par M. Pessonneaux, professeur au lycée Henri IV. 1 vol. grand in-8, cartonnage toile. 8 fr.
— *Dictionnaire latin-français ;* nouvelle édition, revue par M. Pessonneaux. 1 vol. grand in-8, cartonnage toile. 8 fr.
— *Gradus ad Parnassum,* nouvelle édition, revue par M. de Parnajon, professeur au lycée Henri IV. 1 vol. grand in-8, cartonnage toile. 8 fr.

atin. *Études sur la poésie latine.* 2 vol. in-16, brochés. 7 fr.

'erson (Léonce), ancien professeur au lycée Condorcet : *Exercices de traduction et d'application* (thèmes et versions) sur les mots latins de MM. Bréal et Bailly. Cours élémentaire. 1 vol. in-16, cart. 1 fr.

'ierron. *Histoire de la littérature romaine.* 1 vol. in-16, broché. 4 fr.

'ressard, professeur au lycée Louis-le-Grand : *Premières leçons de latin.* 1 vol. in-16, cartonné. 2 fr. 50 c.
— *Exercices latins,* thèmes, versions, questionnaires et exercices oraux sur la Grammaire latine élémentaire de MM. Bréal et Person. 2 vol.
  1re partie : Exercices sur les déclinaisons, les conjugaisons et les mots invariables. Thèmes et versions sur les éléments de la syntaxe, avec des listes de mots. 1 vol. in-16, cartonnage toile. 2 fr. 50 c.
  2e partie : Exercices sur la syntaxe et exercices généraux avec un vocabulaire. 1 vol. in-16, cartonnage toile. » «

Quicherat (L.). *Dictionnaire français-latin.* Gr. in-8, cart. toile. 9 fr. 50 c.
— *Thesaurus poeticus linguæ latinæ.* 1 v. grand in-8, cartonnage toile. 8 fr. 30 c.
— *Nouvelle prosodie latine.* 1 vol. in-16, cartonné. 1 fr.
— *Traité de versification latine.* 1 vol. in-16, cartonné. 3 fr.

Quicherat et Daveluy. *Dictionnaire latin-français*, suivi d'un *Vocabulaire latin-français des noms propres de la langue latine*, par M. L. Quicherat. Gr. in-8, cartonnage toile. 9 fr. 50 c.

Sommer. *Lexique français-latin,* à l'usage des classes élémentaires, extrait du Dictionnaire français-latin de M. Quicherat ; nouvelle édition revue et complétée par M. Chatelain. 1 vol. in-8, cart. 3 fr. 75 c.
— *Lexique latin-français,* à l'usage des classes élémentaires, extrait du Dictionnaire latin-français de MM. Quicherat, et Daveluy ; nouvelle édition revue et complétée par M. Chatelain. 1 vol. in-8, cartonnage toile. 3 fr. 75 c.
Voir *Méthode uniforme pour l'enseignement des langues*, pages 6 et 23.

Thurot et Chatelain. *Prosodie latine.* 1 vol. in-16, cart. 1 fr. 25 c.

Traductions françaises des chefs-d'œuvre de la littérature latine, sans le texte latin, à 3 fr. 50 c. le volume format in-16 :
Le nom des traducteurs est indiqué entre parenthèses.
Horace (Jules Janin), 1 vol.
Juvénal et Perse (E. Despois), 1 vol.
Lucrèce (Patin), 1 vol.
Plaute (E. Sommer), 2 vol.
Sénèque (J. Baillard), 2 vol.
Tacite (J.-L. Burnouf), 1 vol.
Tite Live (Gaucher), 4 vol.
Virgile (Cabaret-Dupaty), 1 vol.

Tridon-Péronneau. *Cours de versions latines,* 125 textes précédés de notices sur les auteurs, disposés dans un ordre méthodique et accompagnés de notes grammaticales, historiques et littéraires, à l'usage des candidats au baccalauréat ès lettres. Textes latins. 1 vol. in-16, broché. 2 fr.
Le même ouvrage. Traductions françaises. 1 vol. in-16, broché. 1 fr. 50 c.

Uri (J.). *Recueil de versions latines,* dictées à la Sorbonne pour les examens du baccalauréat ès lettres de 1883 à 1887. 2 vol. in-16 ; *textes et traductions,* br. 3 fr.

9° ÉTUDE DE LA LANGUE GRECQUE ANCIENNE

Alexandre (C.). *Dictionnaire grec-français*, suivi d'un *Vocabulaire grec-français, des noms propres de la langue grecque*, par A. Pillon. 1 vol. grand in-8, cartonnage toile. **15 fr.**
— *Abrégé du dictionnaire grec-français*, par le même auteur. 1 volume gr. in-8, cartonnage toile. **7 fr. 50 c.**
Alexandre, Planche et Defauconpret. *Dictionnaire français-grec.* 1 vol. in-8, cartonnage toile. **15 fr.**
Auteurs grecs (les) expliqués d'après une méthode nouvelle, par deux traductions françaises, l'une littérale et *juxtalinéaire*, présentant le mot à mot français en regard des mots grecs correspondants, l'autre correcte et précédée du texte grec, avec des sommaires et des notes en français, par une société de professeurs et d'hellénistes. Format in-16 :
Cette collection comprend les principaux auteurs qu'on explique dans les classes.

Aristophane : Plutus. **2 fr. 25 c.**
— Morceaux choisis de M. Poyard. **6 fr.**
Aristote : Morale à Nicomaque, livre VIII. **1 fr. 50 c.**
— Morale à Nicomaque, liv. x. **1 fr. 50 c.**
— Poétique. **2 fr. 50 c.**
Babrius : Fables. **4 fr.**
Basile (S.) : De la lecture des auteurs profanes. **1 fr. 25 c.**
— Contre les usuriers. **75 c.**
— Observe-toi toi-même. **90 c.**
Chrysostome (S. Jean) : Homélie en faveur d'Eutrope. **60 c.**
— Homélie sur le retour de l'évêque Flavien. **1 fr.**
Démosthène : Discours contre la loi de Leptine. **3 fr. 50 c.**
— Discours pour Ctésiphon ou sur la couronne. **3 fr. 50c.**
— Harangue sur les prévarications de l'ambassade. **6 fr.**
— Les trois Olynthiennes. **1 fr. 50 c.**
— Les quatre Philippiques. **2 fr.**
Denys d'Halicarnasse : Première lettre à Ammée. **1 fr. 25 c.**

Eschine : Discours contre Ctésiphon. **4 fr.**
Eschyle : Prométhée enchaîné. **3 fr.**
— Sept (les) contre Thèbes. **1 fr. 50 c.**
— Morceaux choisis de M. Weil. **5 fr.**
Ésope : Fables choisies. **1 fr. 25 c.**
Euripide : Alceste. **2 fr.**
— Electre. **3 fr.**
— Hécube. **2 fr.**
— Hippolyte. **3 fr. 50 c.**
— Iphigénie à Aulis. **3 fr.**
Grégoire de Nazianze (S.) : Éloge funèbre de Césaire. **1 fr. 25 c.**
— Homélie sur les Machabées. **90 c.**
Grégoire de Nysse (S.) : Contre les usuriers. **75 c.**
— Eloge funèbre de saint Mélèce. **75 c.**
Hérodote : Morceaux choisis. **7 fr. 50 c.**
Homère : Iliade. 6 volumes. **20 fr.**
Chaque volume séparément. **3 fr. 50 c.**
Chaque chant séparément. **1 fr.**
— Odyssée. 6 vol. **24 fr.**
Chaque volume séparément. **4 fr.**
Les chants 1, 2, 6, 11 et 12 se vendent séparément, chacun. **1 fr.**
Isocrate : Archidamus. **1 fr. 50 c.**
— Conseils à Démonique. **75 c.**
— Eloge d'Evagoras. **1 fr.**
— Panégyrique d'Athènes. **2 fr. 50 c.**
Luc (S.) : Evangile. **3 fr.**
Lucien : Dialogues des morts. **2 fr. 25 c.**
— Le songe, ou le coq. **1 fr. 50 c.**
— De la manière d'écrire l'histoire. **2 fr.**
Pères grecs (choix de discours tirés des). Prix : **7 fr. 50 c.**
Pindare : Isthmiques (les). **2 fr. 50 c.**
— Néméennes (les). **3 fr.**
— Olympiques (les). **3 fr. 50 c.**
— Pythiques (les). **3 fr. 50 c.**
Platon : Alcibiade (le 1er). **2 fr. 50 c.**
— Apologie de Socrate. **2 fr.**
— Criton. **1 fr. 25 c.**
— Gorgias. **6 fr.**
— Phédon. **5 fr.**
— République, livre VI. **2 fr. 50 c.**
— République, livre VIII. **2 fr. 50 c.**
Plutarque : De la lecture des poètes. **3 fr.**
— Sur l'éducation des enfants. **2 fr.**

— Vie d'Alexandre. 3 fr.
— Vie d'Aristide. 2 fr.
— Vie de César. 2 fr.
— Vie de Cicéron. 3 fr.
— Vie de Démosthène. 2 fr. 50 c.
— Vie de Marius. 3 fr.
— Vie de Pompée. 5 fr.
— Vie de Solon. 3 fr.
— Vie de Sylla. 3 fr.
— Vie de Thémistocle. 2 fr.
Sophocle : Ajax. 2 fr. 50 c.
— Antigone. 2 fr. 25 c.
— Electre. 3 fr.
— Œdipe à Colone. 2 fr.
— Œdipe roi. 1 fr. 50 c.
— Philoctète. 2 fr. 50 c.
— Trachiniennes (les). 2 fr. 50 c.
Théocrite : Œuvres complètes. 7 fr. 50 c.
Thucydide : Guerre du Péloponèse :
  Livre I. 6 fr.
  Livre II. 5 fr.
— Morceaux choisis de M. Croiset. 5 fr.
Xénophon : Anabase (les 7 liv.), 2 v. 12 fr.
  Chaque livre séparément. 2 fr.
— Apologie de Socrate. 60 c.
— Cyropédie, livre I. 1 fr. 25 c.
—   —   livre II. 1 fr. 25 c.
— Économique. 3 fr. 50 c.
— Entretiens mémorables de Socrate (les quatre livres). 7 fr. 50 c.
  Extraits des Mémorables. 2 fr. 50 c.
— Morceaux choisis de M. de Parnajon.
  Prix : 7 fr. 50 c.
Bréal, professeur de grammaire comparée au Collège de France, et **Bailly**, professeur au lycée d'Orléans : *Leçons de mots :* les mots grecs groupés d'après le sens et l'étymologie. 1 vol. in-16, cart. 1 fr. 50 c.
Voy. *Person :* Exerc. de trad. et d'applic.
Classiques grecs, nouvelle collection, format petit in-16, publiée avec des notices, des arguments analytiques et des notes en français.
Ces éditions se recommandent par la pureté du texte, la concision des notes, la commodité du format, l'élégance et la solidité du cartonnage.
Aristophane : Morceaux choisis (Poyard, professeur au lycée Henri IV). 2 fr.
Aristote : Morale à Nicomaque, livre VIII (Lucien Lévy, professeur au lycée d'Amiens). 1 fr.

— Morale à Nicomaque, livre X (Hannequin, professeur au lycée de Lyon).
  Prix : 1 fr. 50 c.
— Poétique (Egger, membre de l'Institut). 1 fr.
Démosthène : Discours de la couronne (Weil, membre de l'Institut). 1 fr. 25 c.
— Les trois Olynthiennes (Weil). 60 c.
— Les quatre Philippiques (Weil). 1 fr.
— Sept Philippiques (H. Weil). 1 fr. 50 c.
Denys d'Halicarnasse : Première lettre à Ammée (Weil). 60 c.
Elien : Morceaux (J. Lemaire). 1 fr. 10 c.
Épictète : Manuel (Thurot). 1 fr.
Eschyle : Morceaux choisis (Weil). 1 fr. 60
— Les Perses (Weil). 1 fr.
— Prométhée enchaîné (Weil). 1 fr.
Euripide : Théâtre (Weil). Alceste ; — Electre ; — Hécube ; — Hippolyte ; — Iphigénie à Aulis ; — Iphigénie en Tauride. Chaque tragédie. 1 fr.
— Morceaux choisis (Weil). 2 fr.
Hérodote : Morceaux choisis (Tournier, maître de conférences à l'École normale). 1 vol. 2 fr.
Homère : Iliade (A. Pierron). 3 fr. 50 c.
  Les chants 1, 2, 6, 9, 10, 18, 22 et 24 se vendent séparément, chacun, 25 c.
— Odyssée, chants I, II, VI, XI, XXII et XXIII (A. Pierron). Chaque chant séparément. 25 c.
— Morceaux choisis de l'Iliade (A. Pierron). 1 fr. 60 c.
Lucien : De la manière d'écrire l'histoire (Lehugeur). 75 c.
— Dialogues des morts (Tournier et Desrousseaux). 1 fr. 50 c.
— Morceaux choisis (Talbot). 2 fr.
— Le songe, ou le Coq (Desrousseaux).
  Prix : 1 fr.
Platon : République, livre VI (Aubé, anc. profes. au lycée Condorcet). 1 fr. 50 c.
— République, livre VII (Aubé). 1 fr. 50
— République, livre VIII (Aubé). 1 fr. 50
— Criton (Ch. Waddington). 50 c.
— Morceaux choisis (Poyard). 2 fr.
Plutarque : Vie de Cicéron (Graux). 1 fr.
— Vie de Démosthène (Graux). 1 fr.
— Morceaux choisis des biographies (Talbot). 2 vol. :
  1º les Grecs. 1 vol. 2 fr.
  2º les Romains. 1 vol. 2 fr.
— Morceaux choisis des œuvres morales (V. Bétolaud). 1 vol. 2 fr.

Sophocle : Théâtre (Tournier). Ajax; — Antigone; — Electre; — Œdipe à Colone; — Œdipe roi; — Philoctète; — les Trachiniennes. Chaque tragédie. 1 fr.
Le même théâtre, sans notes. 2 fr.
Sophocle : Morceaux choisis (Tournier). Prix : 2 fr.
Thucydide : Morceaux choisis (A. Croiset, maître de conférences à la Faculté des lettres de Paris). 2 fr.
Xénophon : Morceaux choisis (de Parnajon, prof. au lycée Henri IV). 2 fr.
— Economique (Graux et Jacob). 1 fr. 50 c.
— Ext. des Mémorables (Jacob). 1 fr. 50 c.
— Mémorables, livre 1 (Lebègue). 1 fr.

Classiques grecs, format in-16. Editions publiées avec des notes en français.
Aristophane : Plutus (Ducasau). 1 fr.
Babrius : Fables (Th. Fix). 60 c.
Basile (Saint) : Discours sur la lecture des auteurs profanes (Sommer). 50 c.
— Homélie sur le précepte : Observe-toi toi-même (Sommer). 30 c.
Chrysostome (Saint Jean) : Discours sur le retour de l'évêque Flavien (Sommer). 40 c.
— Homélie en faveur d'Eutrope (Sommer). 30 c.
Démosthène : Discours contre la loi de Leptine (Stiévenart). 90 c.
— Harangue sur les prévarications de l'ambassade (Stiévenart). 1 fr. 10 c.
Eschyle : Sept contre Thèbes (les) (Materne). 1 fr.
Esope : Fables choisies (Sommer). 1 fr.
Grégoire (S.) de Nazianze : Homélie sur les Machabées (Sommer). 40 c.
Hérodote : Livre I (Sommer). 1 fr. 50 c.
Homère : Odyssée (Sommer). 3 fr. 50 c.
Les chants 1, 2, 6, 11, 12, 22 et 23 se vendent séparément, chacun. 25 c.
Isocrate : Archidamus (Leprévost). 50 c.
— Eloge d'Evagoras (Sommer). 50 c.
— Panégyrique d'Athènes (Sommer). 80 c.
Lucien. Nigrinus (C. Leprévost). 40 c.
— Songe (le) ou le Coq (de Sinner). 50 c.
Pères grecs : Choix de discours (Sommer). fr. 75 c.

Pindare : Isthmiques (les) (Fix et Sommer). 60 c.
— Néméennes (les) (id.). 90 c.
— Olympiques (les) (id.). 1 fr. 50 c.
— Pythiques (les) (id.). 1 fr. 50 c.
Platon : Alcibiade (le premier). 65 c.
— Alcibiade (le second) (Mablin). 50 c.
— Apologie de Socrate (Talbot). 60 c.
— Gorgias (Sommer). 1 fr. 50 c.
— Phédon (Sommer). 60 c.
Plutarque : De la lecture des poètes (Ch. Aubert). 75 c.
— De l'éducat. des enfants (C. Bailly). 60 c.
Plutarque : Vie d'Alexandre (Bétolaud). Prix : 1 fr.
— Vie d'Aristide (Talbot). 1 fr.
— Vie de César (Materne). 1 fr.
— Vie de Pompée (Druon). 1 fr.
— Vie de Solon (Deltour). 1 fr.
— Vie de Thémistocle (Sommer). 1 fr.
Théocrite : Idylles choisies (L. Renier). Prix : 1 fr. 25 c.
Thucydide : Guerre du Péloponèse :
Livre I (Legouëz). 1 fr. 60 c.
Livre II (Sommer). 1 fr. 60 c.
Xénophon : Anabase, les sept livres (de Parnajon). 3 »
Chaque livre séparément. 75 c.
— Cyropédie, livre I (Huret). 75 c.
— Cyropédie, livre II (Huret). 75 c.
— Entretiens mémorables de Socrate (Sommer). 2 fr.
Voir ci-dessus *Classiques grecs* (nouvelle collection, format petit in-16).

Croiset, professeur à la Faculté des lettres de Paris. *Grammaire grecque élémentaire.* 1 vol. in-16. cartonné. » »
Dübner. *Lexique français-grec,* à l'usage des classes élémentaires. 1 vol. in-8, cartonnage toile. 6 fr.
— *Lhomond grec,* ou premiers éléments de la grammaire grecque. 1 volume in-8, cartonné. 1 fr. 50 c.
— *Exercices* ou versions et thèmes sur les premiers éléments de la grammaire grecque, précédés d'un traité élémentaire d'accentuation. 1 vol. in-8, cart. 2 fr.
— *Corrigé des Exercices.* In-8, br. 1 fr.

Éditions à l'usage des professeurs. Textes grecs, publiés d'après les travaux les plus récents de la philologie, avec des commentaires critiques et explicatifs et des notices. Format gr. in-8, br. En vente :

ÉTUDE DE LA LANGUE GRECQUE

Démosthène : Les harangues, par M. H. Weil, membre de l'Institut ; 2ᵉ édition. 1 vol.   8 fr.
— Les plaidoyers politiques, par M. H. Weil. 2 vol.   16 fr.
Euripide : Sept tragédies, par M. H. Weil ; 2ᵉ édit. 1 vol.   12 fr.
Homère : L'Iliade, par M. A. Pierron ; 3ᵉ édit. 2 vol.   16 fr.
— L'Odyssée, par M. A. Pierron ; 2ᵉ édit. 2 vol.   16 fr.
Sophocle : Tragédies, par M. Tournier, maitre de conférences à l'Ecole normale supérieure ; 2ᵉ édit. 1 vol. 12 fr.
Thucydide : Guerre du Péloponèse. Livres I et II, par M. Alfred Croiset, professeur à la Faculté des lettres de Paris. 1 vol.   8 fr.

Lancelot. *Le jardin des racines grecques*, mises en vers par Le Maistre de Sacy. Nouvelle édition, par M. Ad. Regnier. 1 vol. in-16, cartonné.   3 fr.

Luc (Saint). *Evangiles.* In-18, cart. 75 c.

Méthode uniforme pour l'enseignement des langues, par E. Sommer :
Abrégé de la grammaire grecque. In-16, cartonné.   1 fr. 50 c.
Questionnaire sur l'Abrégé de grammaire grecque. 1 vol. in-16, cart.   90 c.
Exercices sur l'Abrégé de grammaire grecque. 1 vol. in-16, cart. 1 fr. 50 c.
Corrigé desdits exercices. In-16.   2 fr.
Cours de versions grecques, extraites du Recueil de Jacobs. 1ʳᵉ partie. 1 vol. in-16, cartonné.   1 fr.
Corrigé, 1 vol. in-16, broché. 1 fr. 25 c.
Cours de versions grecques. 2ᵉ partie. 1 vol. in-16, cartonné.   1 fr.
Corrigé. 1 vol. in-16, broché. 1 fr. 25 c.
Cours de thèmes grecs. In-16, 1 fr. 50 c.
Corrigé des thèmes grecs. In-16.   2 fr.
Cours complet de grammaire grecque. 1 vol. in-8, cartonné.   3 fr.
Exercices sur le Cours complet de grammaire grecque. In-8, cart.   3 fr.
Corrigé desdits. In-8, br.   3 fr. 50 c.
V. p. 6 et 18 pour les *langues française et latine.*

Ozaneaux. *Nouveau dictionnaire français-grec.* 1 vol. in-8, cart. toile. 15 fr.

Patin. *Études sur les tragiques grecs*, ou examen critique d'Eschyle, de Sophocle et d'Euripide, 4 vol. in-16, br.   14 fr.

Pères grecs. *Choix de discours,* texte grec annoté par M. Sommer. 1 vol. in-16, cartonné.   1 fr. 75

Person (Léonce), ancien professeur au lycée Condorcet : *Exercices de traduction et d'application* sur les mots grecs, de MM. Bréal et Bailly, groupés d'après la forme et le sens. 1 v. in-16, cart. 1 fr. 50
Voyez *Bréal* et *Person.*

Pierron. *Histoire de la littérature grecque.* 1 vol. in-16, broché.   4 fr.

Planche. *Dictionnaire grec-français*, refondu entièrement par Vendel-Heyl et A. Pillon. Nouvelle édition augmentée d'un vocabulaire des noms propres, par A. Pillon. 1 vol. grand in-8, cart. 5 fr.

Quicherat (L.). *Chrestomathie*, ou premiers exercices de traduction grecque, avec un lexique. Grand in-18, cart.   1 fr. 25 c.
— *Traduction française* des exercices. Grand in-18, broché.   1 fr. 25 c.

Sommer. *Lexique grec-français,* à l'usage des classes élément. 1 vol. in-8, cart. 6 fr.
Voir *Méthode uniforme pour l'enseignement des langues,* pages 6, 18 et 23.

Tournier, maitre de conférences à l'Ecole normale. *Clef du vocabulaire grec.* 1 vol. in-16, cartonné. 2 fr. 50 c.

Tournier et Riemann, maitres de conférences à l'Ecole normale supérieure. *Premiers éléments de grammaire grecque.* 1 vol. in-8, cartonné.   1 fr. 50 c.

Traductions françaises des chefs-d'œuvre de la littérature grecque. sans le texte grec, à 3 fr. 50 c. le volume, format in-16.
Le nom des traducteurs est indiqué entre parenthèses.
Anthologie grecque, 2 vol.
Aristophane (C. Poyard), 1 vol.
Diodore de Sicile (F. Hoefer), 4 vol.
Eschyle (Ad. Bouillet), 1 vol.
Euripide (Hinstin), 2 vol.
Hérodote (P. Giguet), 1 vol.
Homère (P. Giguet), 1 vol.
Lucien (E. Talbot), 2 vol.
Plutarque. Vies des hommes illustres (E. Talbot), 4 vol.
— Œuvres morales (Bétolaud), 5 vol.
Sophocle (Bellaguet), 1 vol.
Strabon (A. Tardieu), 3 vol.
Thucydide (E. Bétant), 1 vol.
Xénophon (E. Talbot), 2 vol.

10° ÉTUDE DES LANGUES VIVANTES

1° LANGUE ALLEMANDE

Auerbach. *Choix de récits villageois de la Forêt-Noire.* Texte allemand, publié et annoté par M. B. Lévy, ancien inspecteur général de l'instruction publique ; avec l'autorisation exclusive pour la France de l'auteur et des éditeurs. 1 vol. petit in-16, cartonné. 2 fr. 50 c.

Le même ouvrage, traduction française, par M. Lang, sans le texte. 1 vol. petit in-16, broché. 3 fr. 50 c.

Bacharach. *Grammaire allemande*, à l'usage des classes supérieures. In-16. 3 f. 75 c.
— *Grammaire abrégée de la langue allemande.* 1 vol. in-16, cart. 1 fr. 80 c.
— *Cours de thèmes allemands*, accompagnés de vocabulaires. In-16, cart. 3 fr. 25 c.

Benedix. *Le procès*, comédie. Texte allemand, annoté par M. Lange, chargé de conférences à la Faculté des lettres de Paris. Petit in-16, cart. 60 c.

Le même ouvrage, traduction française de Mme Boullenot, avec le texte. 1 vol. in-16, broché. 75 c.

Le même ouvrage, traduction *juxtalinéaire*, par M. Lang. In-16 br. 1 fr. 50 c.

— *L'entêtement.* Texte allemand, annoté par M. Lange. Petit in-16, cart. 60 c.

Le même ouvrage, traduction française par M. Lang. 1 vol. in-16, broché. 75 c.

Le même ouvrage, traduct. *juxtalinéaire*. par M. Lang. 1 vol. in-16, br. 1 fr. 50 c.

Bossert et Beck. *Premier livre d'allemand*. règles, listes de mots et exercices. 1 vol. in-16, illustré, cart. toile [sous presse]. 1 fr.

— *Grammaire élémentaire de la langue allemande*; 2ᵉ édition revue et complétée. 1 vol. in-16, cartonnage toile. 1 fr. 50 c.

— *Exercices sur la grammaire élémentaire de la langue allemande*, en 2 parties. 2 vol. in-16, cartonnage toile. :
  1ʳᵉ partie. 1 vol. 1 fr. 50
  2ᵉ partie. 1 vol. 1 fr. 50

— *Les mots allemands groupés d'après le sens.* 1 vol. in-16, cart. toile. 1 fr. 50 c.
— *Exercices sur les mots allemands groupés d'après le sens.* 1 vol. in-16, cart. 1 fr. 50 c.

Braeunig et Dax. *Exercices pratiques de langue allemande*, format in-16, cart.
  Classe Préparatoire. 1 vol. 1 fr. 50 c.
  Classe de Huitième. 1 vol. 1 fr. 50 c.
  Classe de Septième. 1 vol. 1 fr. 50 c.
  Classes de Grammaire. 1 vol. 1 fr. 75 c.

Campe. *Le jeune Robinson.* Texte allemand. 1 vol. in-16, cartonné. 1 fr. 50 c.

Chamisso. *Pierre Schlemihl.* Texte allemand, annoté par M. Koell, professeur au lycée Louis-le-Grand. Petit in-16. 1 fr.

Le même ouvrage, traduction française. 1 vol. petit in-16, broché. 1 fr.

Chasles et Eguemann. *Les mots et les genres de la langue allemande.* 1 vol. in-8, cartonné. 2 fr. 50 c.
  Voir *Eguemann*.

Contes et morceaux choisis de Schmid, Krummacher, Liebeskind, Lichtwer, Hebel, Herder et Campe. Texte allemand, annoté par M. Scherdlin, professeur au lycée Charlemagne. Petit in-16, cart.

Contes populaires tirés de Grimm, Musæus, Andersen et des Feuilles de palmier par Herder et Liebeskind. Texte allemand, annoté par M. Scherdlin. 1 vol. petit in-16, cart. 2 fr. 50 c.

Desfeuilles. *Abrégé de grammaire allemande.* In-16, cartonné. 1 fr. 50 c.
— *Exercices sur l'Abrégé de grammaire allemande.* In-16, cartonné. 1 fr. 50 c.
— *Corrigé des exercices.* In-16, br. 2 fr.

Eguemann. *Le premier livre des mots, des racines et des genres en allemand.* 1 vol. in-18, cartonné. 75 c.
  Voir *Chasles et Eguemann.*

Eichhoff. *Morceaux choisis* en prose et en vers des classiques allemands. 3 vol. in-16, cart. :
  Iᵉʳ vol. : Cours de Troisième. 1 fr. 50 c.
  IIᵉ vol. : Cours de Seconde. 2 fr. 50 c.
  IIIᵉ vol. : Cours de Rhétorique. 3 fr.

Gœthe. *Gœtz de Berlichingen.* Texte allemand, annoté par M. Lichtenberger, professeur à la Faculté des lettres de Paris ; à l'usage des professeurs. 1 vol. grand in-8, broché. 10 fr.
— *Campagne de France.* Texte allemand, annoté par M. Lévy. 1 vol. petit in-16, cartonné. 1 fr. 50 c.
Le même ouvrage, traduction française, par M. Porchat, sans le texte. 1 vol. petit in-16, broché. 2 fr.
— *Faust,* 1re partie. Texte allemand, annoté par M. Büchner, professeur à la Faculté des lettres de Caen. In-16, cart. 2 fr.
Le même ouvrage, traduction française, par M. Porchat, sans le texte allemand. 1 vol. petit in-16, broché. 2 fr.
— *Hermann et Dorothée.* Texte allemand annoté, par M. Lévy. Petit in-16, cart. 1 fr.
Le même ouvrage, traduction française, par M. Lévy, avec le texte allemand et des notes. 1 vol. in-16. 1 fr. 50 c.
Le même ouvrage, traduction *juxtalinéaire,* par M. Lévy. In-16. 3 fr. 50 c.
— *Iphigénie en Tauride.* Texte allemand, annoté par M. Lévy. Petit in-16, cart. 1 50
Le même ouvrage, traduction française, par M. Lévy, avec le texte allemand et des notes. 1 vol. petit in-16, broché. 2 fr.
Le même ouvrage, traduction *juxtalinéaire,* par M. Lang. In-16. 3 fr. 50 c.
— *Le Tasse.* Texte allemand, annoté, par M. Lévy. Petit in-16, cart. 1 fr. 80 c.
Le même ouvrage, traduction française par M. Porchat, sans le texte allemand. 1 vol. in-16, broché. 2 fr.
Le même ouvrage, traduction *juxtalinéaire* par M. Lang. In-16. 3 fr. 50 c.
— *Morceaux choisis.* Texte allemand, annoté, par M. Lévy. Petit in-16, cart. 3 fr.
Hauff. *Lichtenstein.* Texte allemand. In-16, cartonné. 1 fr. 50 c.
Le même ouvrage, traduction française par M. de Suckau. 1 vol. in-16, br. 1 fr. 25 c.
Heinhold. *Petit dictionnaire français-allemand et allemand-français.* 1 volume in-16, cartonnage toile. 4 fr.
Herder. *Idées sur la philosophie de l'histoire de l'humanité.* Texte allemand ; édition complète. In-16, cart. 4 fr. 50 c.
Hoffmann : *Le tonnelier de Nuremberg* (Meister Martin). Texte allemand, annoté par M. Baüer. Petit in-16, cart. 2 fr.
Le même ouvrage, traduction française par M. Malvoisin. 1 vol. petit in-16, broché. 2 fr. 50 c.

Kleist : *Michaël Kohlhaas.* Texte allemand, annoté par M. Koch. 1 vol. petit in-16, cartonné. 1 fr.
Le même ouvrage, traduit en français par Mme Ida Becker, avec le texte allemand. 1 vol. petit in-16, br. 2 fr. 50 c.
Le même ouvrage, traduction juxtalinéaire par Mme Ida Becker. 1 vol. in-16, broché. 4 fr.
Koch, professeur au lycée Saint-Louis : *Cours primaire d'allemand.* 1 vol. in-16, cartonné. 2 fr.
— *La classe en allemand,* nouveaux dialogues. Petit in-16, cart. 1 fr. 25 c.
— *Lexique français-allemand,* rédigé conformément au décret du 19 juin 1880, à l'usage des candidats au baccalauréat ès lettres. 1 vol. in-16, cart. toile. 4 fr.
Reconnu conforme à la note officielle du 29 janvier 1881.
— *Lexique allemand-français,* contenant un grand nombre de termes nouveaux et l'indication de la nouvelle orthographe allemande. 1 v. in-16, cart. toile. 6 fr.
Kotzebuë. *La petite ville allemande,* suivie d'extraits de *Misanthropie et Repentir,* et de l'*Epigramme.* Texte allemand, annoté par M. Bailly. 1 vol. petit in-16, cartonné. 1 fr. 50 c.
Le même ouvrage, traduction française par M. Desfeuilles, avec le texte allemand. 1 vol. in-16, broché. 2 fr.
Le même ouvrage, trad. juxtalinéaire par M. Desfeuilles. 1 vol. in-16, br. 3 fr. 50 c.
Krummacher. *Paraboles.* Texte allemand. In-16, cartonné. 1 fr. 50 c.
Lectures géographiques. Textes extraits des écrivains allemands, par M. Kuhff, avec exercices et cartes. In-16, cart. 3 fr.
Le Roy. *Recueil de versions allemandes.* Textes et Traductions. 2 vol. in-16. 2 fr.
Lessing. *Fables,* annotées par M. Boutteville. 1 vol. in-16, cart. 1 fr.
Le même ouvrage, trad. *juxtalinéaire,* par M. Boutteville. In-16, br. 1 fr. 50 c.
— *Dramaturgie de Hambourg.* Extraits annotés par M. Cottler. 1 vol. petit in-16, cartonné. 1 fr. 50 c.
Le même ouvrage, traduction française, par M. Desfeuilles, avec le texte en regard. 1 vol. in-16, br. 3 fr.
Le même ouvrage, traduction *juxtalinéaire,* par M. Desfeuilles. 1 vol. in-16, broché. 7 fr. 50 c.
— *Lettres sur la littérature moderne et lettres archéologiques.* Extraits annotés par M. Cottler. 1 vol. petit in-16, cart. 2 fr.

— *Laocoon*. Texte allemand, annoté par M. Lévy. 1 vol. petit in-16, cart. 2 fr.
Le même ouvrage, trad. fr. par M. Courtin, sans le texte. 1 vol. in-16, br. 2 fr.
— *Minna de Barnhelm*. Texte allemand, par M. Lévy. Petit in-16, cart. 1 fr. 50 c.
Le même ouvrage, traduction française par M. Lang. 1 vol. pet. in-16, br. 1 fr.

Lévy (B.), ancien inspecteur général de l'instruction publique : *Exercices de conversation allemande*. 3 vol. in-16, cart. :
I. *Exercices sur les parties du discours*, à l'usage des cours élémentaires. 1 volume. 1 fr. 25 c.
Traduction française, par M. Hildt. 1 vol. in-16, br. 1 fr. 50 c.
II. *Sujets de conversation*, à l'usage des cours moyens. 1 volume. 1 fr. 75 c.
Traduction française, par M. Schmitt. 1 vol. in-16, br. 2 fr.
III. *Sujets de conversation*, à l'usage des cours supérieurs. 1 volume. 3 fr.
Traduction française, par M. Schmitt. 1 vol. in-16, br. 3 fr. 50 c.
— *Recueil de lettres allemandes*, avec notes en français. 1 vol. in-16, cart. 2 fr.
Le même ouvrage, reproduit en écritures autographiques, 1 v. in-8, cart. 3 fr. 50

Lévy (J.). *Méthode rationnelle d'écriture allemande*. 1 vol. petit in-18, cart. 25 c.

Niebuhr. *Histoires tirées des temps héroïques de la Grèce*. Texte allemand, annoté, par M. Koch. 1 vol. petit in-16, cartonné. 1 fr. 50 c.
Le même ouvrage, traduction française, par Mme Koch, avec le texte allemand. 1 vol. in-16, broché. 1 fr. 75 c.
Le même ouvrage, traduction juxtalinéaire, par Mme Koch. In-16. 2 fr. 50

Riquiez, professeur agrégé d'allemand au lycée Charlemagne. *Manuel de grammaire allemande*. Résumé des principales difficultés grammaticales enseignées par des exemples. 1 vol. in-16, cartonné. 1 fr. 50 c.
— *Cours de thèmes allemands*. 1 vol. in-16 cartonné. 1 fr. 50 c.

Scherdlin professeur au lycée Charlemagne. *Cours de thèmes allemands*, à l'usage des candidats au baccalauréat ès lettres et à l'Ecole Saint-Cyr. In-16. 3 fr.
— *Traduction allemande du Cours de thèmes*. In-16, cartonné. 3 fr. 50 c.
— *Lectures enfantines*, à l'usage des classes Préparatoires. In-16, cart. 1 fr. 25 c.
— *Morceaux choisis d'auteurs allemands*, en prose et en vers, publiés avec des notes et un vocabulaire; in-16, cart. :

Classe de Huitième. 1 vol. 75 c.
Classe de Septième. 1 vol. 75 c.
Classe de Sixième. 1 vol. 1 fr.
Classe de Cinquième. 1 vol. 1 fr.
Classe de Quatrième. 1 vol. 1 fr.
Classe de Troisième. 1 vol. 1 fr. 50 c.
Classe de Seconde. 1 vol. 1 fr. 50 c.
Classe de Rhétorique en préparation.

Schiller. *Histoire de la guerre de Trente ans*. Texte allemand, annoté par MM. Schmidt et Leclaire. 1 vol. petit in-16, cartonné. 2 fr. 50 c.
Le même ouvrage, traduction française de M. Ad. Regnier, sans le texte allemand. 1 vol. petit in-16, br. 3 fr. 50 c.
— *Histoire de la révolte qui détacha les Pays-Bas de la domination espagnole*. Texte allemand, annoté par M. Lange. 1 vol. petit in-16, cart. 2 fr. 50 c.
Le même ouvrage, traduction française, par M. Ad. Regnier, sans le texte. 1 vol. in-16, broché. 3 fr.
— *Jeanne d'Arc*. Texte allemand, annoté, par M. Bailly, maître de conférences à la Faculté des lettres de Lille. 1 vol. petit in-16, cart. 2 fr. 50 c.
Le même ouvrage, traduction française, par M. Ad. Regnier, sans le texte, 1 v. petit in-16, br. 2 fr.
— *Guillaume Tell*, drame. Texte allemand, annoté, par M. Th. Fix. 1 vol. in-16, cartonné. 1 fr. 50 c.
Le même ouvrage, traduction française avec le texte en regard, par M. Fix. 1 vol., in-16, broché. 2 fr. 50 c.
Le même ouvrage, traduction juxtalinéaire, par M. Fix. 1 vol. in-16, br. 5 fr.
— *La fiancée de Messine*. Texte allemand, publié avec des notes par M. Scherdlin. 1 vol. petit in-16, cartonné. 1 fr. 50 c.
Le même ouvrage, traduction française par M. Ad. Regnier, avec le texte. 1 vol. in-16, broché. 2 fr.
Le même ouvrage, traduction juxtalinéaire, par M. Schnaufer. 1 vol. in-16, broché. 3 fr. 50 c.
— *Marie Stuart*, tragédie. Texte allemand, annoté par M. Fix. In-16, cart. 1 fr. 50 c.
Le même ouvrage, traduction française avec le texte en regard, par M. Fix. 1 vol. in-16, broché. 4 fr.
Le même ouvrage, traduction juxtalinéaire, par M. Fix. 1 vol. in-16, br. 6 fr.
— *Morceaux choisis*, publiés et annotés par M. Lévy. Petit in-16, cartonné. 3 fr.
— *Wallenstein*. Texte allemand, annoté par M. Cottler. Petit in-16, cart. 2 fr. 50 c.

ÉTUDE DES LANGUES VIVANTES

Le même ouvrage, traduction française, par M. Ad. Regnier, sans le texte. 1 vol. petit in-16, broché. 3 fr.

Schiller et Goethe. *Extraits de leur correspondance.* Texte allemand, annoté par M. B. Lévy. Petit in-16, cart. 3 fr.
Le même ouvrage, trad. franç., par M. B. Lévy. 1 vol. petit in-16, br. 3 fr. 50 c.

Schmid. *Les œufs de Pâques.* Texte allemand, annoté par M. Scherdlin. 1 vol. petit in-16, cart. 1 fr. 25 c.

— *Cent petits contes.* Texte allemand, annoté, par M. Scherdlin. 1 vol. petit in-16, cartonné. 1 fr. 50 c.

Le même ouvrage, traduction française, par M. Scherdlin, avec le texte. 1 vol. in-16, br. 2 fr.

Le même ouvrage, traduction juxtalinéaire, par M. Scherdlin. 1 vol. in-16, broché. 3 fr. 50 c.

Suckau. *Dictionnaire allemand-français et français-allemand*, complètement refondu et remanié par M. Th. Fix. 1 fort vol. grand in-8, cartonnage toile. 15 fr.

Le *Dictionnaire allemand-français* et le *Dictionnaire français-allemand* se vendent chacun séparément, cart. toile. 8 fr.

2° LANGUE ANGLAISE

Aikin et Barbauld : *Soirées au logis* (Evenings at home). Texte anglais, édition complète. 1 vol. petit in-16, cartonné. 4 fr. 50 c.

— *Le même ouvrage*, extraits publiés avec des notices et des notes, par M. Tronchet, professeur au lycée de Lyon. 1 vol. petit in-16, cartonné. 1 fr. 50 c.

Battier et Legrand, agrégés de l'Université. *Lexique français-anglais*, rédigé conformément au décret du 19 juin 1880, à l'usage des candidats au baccalauréat ès lettres. 1 vol. in-16, cart. toile. 4 fr.

Reconnu conforme à la note officielle du 29 janvier 1881.

Beljame (A.), chargé de cours à la Faculté des lettres de Paris. *Première année d'anglais.* In-16. 1 fr.

— *Deuxième année d'anglais.* In-16. 1 f. 25 c.

— *First english reader*, à l'usage de la classe Préparatoire. 1 v. in-16, cart. toile. 1 fr.

— *Second english reader.* Classe de Huitième. 1 vol. in-16, cart. toile. 1 fr. 25 c.

— *Third english reader*, contenant *Old Poz.* Classe de Septième. 1 vol. in-16, cartonnage toile. 1 fr. 50 c.

— *Exercices oraux de langue anglaise.* 1 vol. in-16, cartonné. 1 fr. 50 c.

— *Cours pratique de prononciation anglaise.* 1 vol. in-8, cartonné. 2 fr.

Bossert et Beljame. *Les mots anglais groupés d'après le sens.* 1 vol. in-16, cartonnage toile. 1 fr. 50 c.

V. Soult.

Byron. *Childe Harold.* Texte anglais, annoté par M. Émile Chasles, inspecteur général de l'instruction publique. 1 vol. petit in-16, cartonné. 2 fr.

Le même ouvrage, traduction de M. Bellet, avec le texte. In-16, broché. 3 fr.

Le même ouvrage, traduction juxtalinéaire, par M. Bellet. 1 vol. in-16. 6 fr.
Chacun des trois premiers chants. 2 fr. 50 c.
Le quatrième chant. 2 fr. 50 c.

Cook (le capitaine). *Voyages.* Texte anglais. Extraits annotés par M. Angellier. 1 vol. petit in-16, cartonné. 2 fr.

Corner (Miss). *Histoire d'Angleterre.* Texte anglais; édition complète. In-16, cartonnage toile. 3 fr. 50 c.

— *Abrégé de l'Histoire d'Angleterre.* Texte anglais. In-18, cartonnage toile. 2 fr.

— *Histoire de la Grèce.* Texte anglais; édition complète. In-16, cart. toile 3 fr. 50 c.

— *Abrégé de l'Histoire de la Grèce.* Texte anglais. In-18, cartonnage toile. 2 fr.

— *Histoire de Rome.* Texte anglais; édition complète. In-16, cart. toile. 3 fr. 50 c.

— *Abrégé de l'Histoire de Rome.* Texte anglais. In-18, cartonnage toile. 2 fr.

Dickens. *Histoire d'Angleterre.* Texte anglais. In-16, cart. toile. 2 fr. 50 c.

— *David Copperfield.* Texte anglais. In-16, cartonnage toile. 3 fr.

— *Nicolas Nickleby.* Texte anglais. In-16, cartonnage toile. 3 fr.

Edgeworth (Miss). *Contes choisis*, annotés par M. Motheré, professeur au lycée Charlemagne. 1 vol. petit in-16, cart. 2 fr.

— *Forester.* Texte anglais, annoté par M. A. Beljame. Petit in-16. 1 fr. 50 c.

Le même ouvrage, traduction française de M. Beljame. In-16, broché. 1 fr. 50 c.

— *Old Poz.* texte annoté par M. A. Beljame. 1 vol. petit in-16 carré. 40 c.

Eichhoff. *Morceaux choisis* en prose et en vers des classiques anglais. 3 vol. in-16, cartonnés :

Ier vol. : Cours de Troisième. 1 fr. 50 c.
IIe vol. : Cours de Seconde. 2 fr. 50 c.
IIIe vol. : Cours de Rhétorique. 3 fr.

Eliot (G.). *Silas Marner.* Texte anglais, annoté par M. Malfroy, professeur au lycée Michelet. Petit in-16, cart. 2 fr. 50 c.

Filon (Augustin). *Histoire de la littérature anglaise.* 1 vol. in-16, br. 6 fr.

Fleming. *Abrégé de grammaire anglaise.* 1 vol. in-16, cartonné. 1 fr. 25 c.
— *Exercices.* In-16, cart. 1 fr. 25 c.
— *Corrigé* desdits. In-16, br. 1 fr. 50 c.
— *Cours complet de grammaire anglaise.* In-8, cartonné. 3 fr.
— *Exercices* par M. Aug. Beljame. In-8. 3 fr.

Foe (Daniel de). *Vie et aventures de Robinson Crusoé.* Texte anglais, annoté par M. A. Beljame. Petit in-16. 1 fr. 50 c.

Franklin (B.) : *Autobiographie.* Texte anglais, annoté par M. Fiévet, professeur au lycée Lakanal. 1 volume petit in-16, cartonné. 1 fr. 50 c.
Le même ouvrage, traduction française par M. Laboulaye. 1 vol. petit in-16, broché. 1 fr. 50 c.

Goldsmith. *Le vicaire de Wakefield.* Texte anglais, annoté par M. A. Beljame. 1 vol. petit in-16, cartonné. 1 fr. 50 c.
— *Le voyageur ; le village abandonné.* Texte anglais, annoté par M. Motheré. 1 vol. petit in-16, cartonné. 75 c.
Le même ouvrage, traduction française de M. Legrand, avec le texte. 1 vol. in-16, broché. 75 c.
Le même ouvrage, traduction *juxtalinéaire,* par M. Legrand. In-16. 1 fr. 50 c.
— *Essais choisis.* Texte anglais, annoté par M. Mac-Enery. Petit in-16, cart. 1 fr. 50 c.

Gousseau et Koch. *La classe en anglais.* Nouveaux dialogues. Petit in-16, cartonné. 1 fr. 25 c.

Gray. *Choix de poésies.* Texte anglais, annoté par M. Legouis, maître de conférences à la Faculté des lettres de Lyon. 1 vol. petit in-16, cartonné. 1 fr. 50 c.

Hughes. *Les jours de classe de Tom Brown.* Texte anglais. In-16, cart. 2 fr. 50 c.

Irving (Washington). *Le livre d'esquisses* (The sketch book). Texte anglais, édition classique. In-16, cartonné. 2 fr. 50 c.
— *La vie et les voyages de Christophe Colomb.* Texte anglais, édition abrégée par M. E. Chasles, inspecteur général. 1 vol. petit in-16, cartonné. 2 fr.

Le Roy. *Recueil de versions anglaises.* Textes et traductions. 2 volumes in-16 brochés. 2 fr.

Macaulay. *Morceaux choisis des Essais.* Texte anglais, annoté par M. A. Beljame. 1 vol. petit in-16, cart. 2 fr. 50 c.
Le même ouvrage, traduction française de M. Aug. Beljame. In-16, br. 4 fr. 50 c.
— *Morceaux choisis de l'histoire d'Angleterre.* Texte anglais, annoté par M. Bautier, ancien professeur au lycée Saint-Louis. 1 vol. petit in-16, cart. 2 fr. 50 c.

Mac Enery, professeur au lycée Condorcet. *L'anglais mis à la portée de tout le monde.* 1 vol. in-16, cartonné. 2 fr.

Milton. *Paradis perdu,* livres I et II. Texte anglais, annoté par M. A. Beljame. 1 vol. petit in-16, cartonné. 90 c.
Le même ouvrage, traduction *juxtalinéaire,* par M. Legrand. In-16. 2 fr. 50 c.

Morel, professeur au lycée Louis-le-Grand. *Cours de thèmes anglais,* à l'usage des classes supérieures et des candidats au baccalauréat ès lettres. 1 vol. in-16, cartonné. 2 fr. 50 c.

Passy. *Premiers éléments de langue anglaise.* 1 vol. in-16, broché. 1 fr. 25 c.

Pope. *Essai sur la critique.* Texte anglais annoté par M. Motheré. Petit in-16. 75 c.
Le même ouvrage, traduction française, par M. Motheré, avec le texte. In-16. 1 fr.
Le même ouvrage, traduction *juxtalinéaire,* par M. Motheré. In-16. 1 fr. 50 c.

Shakespeare. *Coriolan.* Texte anglais, annoté par M. Fleming. 1 vol. in-16, cartonné. 2 fr.
Le même ouvrage, traduction *juxtalinéaire.* 1 vol. in-16, broché. 6 fr.
— *Jules César.* Texte anglais, annoté par M. Fleming. Petit in-16, cart. 1 fr. 25 c.
Le même ouvrage, traduction par M. Montégut, avec le texte. In-16. 1 fr. 50 c.
Le même ouvrage, traduction *juxtalinéaire,* par M. Legrand. In-16. 2 fr. 50.
— *Henri VIII.* Texte anglais, annoté par M. Morel. Petit in-16, cart. 1 fr. 25 c.
Le même ouvrage, traduction française par M. Montégut. In-16, br. 1 fr. 50 c.
Le même ouvrage, traduction *juxtalinéaire,* par M. Morel. In-16, br. 3 fr.
— *Macbeth.* Texte anglais, annoté par M. O'Sullivan. 1 vol. in-18, cart. 1 fr.
Le même ouvrage, traduction française de M. Montégut, avec le texte. 1 vol. in-16, broché. 1 fr. 50 c.
Le même ouvrage, traduction *juxtalinéaire,* par M. Angellier. 1 vol. in-16, broché. 2 fr. 50 c.

ÉTUDE DES LANGUES VIVANTES

— *Othello*. Texte anglais, annoté par M. Morel. 1 vol. in-16, cart. 1 fr. 80 c.
Le même ouvrage, traduction française par M. Montégut, avec le texte. 1 vol. in-16, broché. 1 fr. 50 c.
Le même ouvrage, traduction *juxtalinéaire*, par M. Legrand. 1 vol. in-16. 3 fr.
— *Richard III*. Texte anglais. In-18. 1 fr.
Le même ouvrage, traduction française par M. Bellet. In-16, broché. 2 fr.
Le même ouvrage, traduction *juxtalinéaire*, par M. Bellet. In-16, br. 4 fr.
Soult (Mlle) *Exercices sur les mots anglais groupés d'après le sens* de MM. Bossert et Beljame. 1 vol. in-16, cartonnage toile. 1 fr. 50 c.
Stuart Mill. *La liberté*. Texte anglais. 1 vol. in-16, cartonné. 1 fr. 60 c.

Tennyson. *Poèmes choisis*, contenant la *Grand'mère* (Tennyson for the young and for recitation). Texte anglais. 1 vol. in-16, cartonné. 2 fr.
— *Enoch Arden*. Texte anglais, annoté par M. Al. Beljame. 1 vol. petit in-16, cartonné. » c
Walter Scott. *Extraits des contes d'un grand-père*. Texte anglais, annoté par M. Talandier. Petit in-16, cart. 1 fr 50 c.
— *Morceaux choisis*, annotés par M. Battier. 1 vol. petit in-16, cartonné. 3 fr.
— *Les puritains d'Ecosse* (Old mortality). Texte anglais. In-16, cartonné. 2 fr.
— *L'antiquaire*. Texte anglais. In-16, c. 2 fr.
— *Rob Roy*. Texte anglais. In-16, c. 2 fr.
— *Ivanhoë*. Texte anglais. In-16, c. 2 fr.

3° LANGUE ITALIENNE

Dante. *L'enfer*, 1er chant. Texte italien, annoté par M. Melzi. Petit in-16. 75 c.
Le même ouvrage, traduction *juxtalinéaire*. 1 vol. in-16, broché. 1 fr.
— *La Divine Comédie*, trad. française de P.-A. Fiorentino. 1 vol. in-16. 3 fr. 50 c.
Dialogues français-italiens, précédés d'un abrégé de grammaire française et d'un abrégé de grammaire italienne. 1 vol in-32, cartonné. 3 fr.
Étienne, ancien recteur d'Académie : *Histoire de la littérature italienne*, depuis ses origines jusqu'à nos jours; 2e édition. 1 vol. in-16, broché. 4 fr.
Ouvrage couronné par l'Académie française.
Machiavel. *Discours sur la première décade de Tite-Live*. Texte italien, réduit à l'usage des classes, et précédé d'une introduction en français, par M de Tréverret, professeur à la Faculté des lettres de Bordeaux. 1 vol. in-16, br. 2 fr. 50 c.
Manzoni. *Les fiancés*. Texte italien, précédé d'une introduction en français, par M. de Tréverret. 1 vol. in-16. 2 fr. 50 c.
— *Le même ouvrage*, traduction française par M. Martinelli. 2 vol. in-16, brochés. 2 fr. 50 c.
Morceaux choisis en prose et en vers des classiques italiens, publiés par M. Louis Ferri. 1 vol. petit in-16, cartonné. 2 fr.
Paoli. *Abrégé de grammaire italienne*. 1 vol. in-16, cartonné. 1 fr. 25 c.
Rapelli. *Exercices sur l'Abrégé de la grammaire italienne*. In-16, 1 fr. 25 c.
— *Corrigé des exercices*. In-16. 1 fr. 50 c.
Tasse. *La Jérusalem délivrée*. Texte italien, expurgé à l'usage des classes, et précédé d'une introduction en français, par M. de Tréverret. 1 vol. in-16. 2 fr. 50 c.

4° LANGUE ESPAGNOLE

Bustamante (Corona). *Diccionario frances-espanol*. 1 vol. in-8, relié. 17 fr.
Calderon de la Barca. *Le magicien prodigieux*. Texte espagnol, publié par M. Magnabal. 1 vol. petit in-16, cartonné. 1 fr. 50 c.
Cervantès. *Le captif*, texte espagnol extrait de don Quichotte, publié avec des notes, par M. J. Merson. In-16, cart. 1 fr.

Le même ouvrage, traduction française, avec le texte en regard, par M. J. Merson. In-16, broché. 2 fr.
Le même ouvrage, traduction *juxtalinéaire*, par M. J. Merson. In-16. 3 fr.
Dialogues français-espagnols, précédés d'un abrégé de grammaire française et d'un abrégé de grammaire espagnole. 1 vol. in-32, cartonné. 3 fr.

Hernandez. *Abrégé de grammaire espagnole.* 1 vol. in-16, cartonné.   1 fr. 25 c.
— *Exercices.* In-16, cartonné.   1 fr. 25 c.
— *Cours complet de grammaire espagnole.* 1 vol in-8, cartonné.   3 fr. 50 c.

Mendoza (Hurtado de). *Morceaux choisis de la guerre de Grenade.* Texte espagnol, publié et annoté par M. Magnabal. 1 vol. petit in-16, cart.   90 c.

Morceaux choisis en prose et en vers des classiques espagnols, publiés par MM. Hernandez et Le Roy. 1 vol. in-, cartonné.

Solis (Antonio de). *Morceaux choisis de la conquête du Mexique.* Texte espagnol, publié par M. Magnabal. 1 vol. petit in-, cartonné.

ÉDITIONS A L'USAGE DES PROFESSEURS

DES PRINCIPAUX CLASSIQUES GRECS, LATINS ET ÉTRANGERS

TEXTES

PUBLIÉS D'APRÈS LES TRAVAUX LES PLUS RÉCENTS DE LA PHILOLOGIE
AVEC DES COMMENTAIRES CRITIQUES ET EXPLICATIFS, DES INTRODUCTIONS
ET DES NOTICES

Format grand in-8°

EN VENTE :

Cicéron : Discours pour le poète Archias, publié, avec une nouvelle collation du *Gemblacensis*, par M. Émile Thomas, professeur à la Faculté des lettres de Lille. 1 vol.   2 fr. 50
— De suppliciis, publié avec un fac-similé du Regius, par le même. 1 vol.   4 fr.
— De Signis, par le même. 1 vol.   4 fr.

Cornelius Nepos, publié par M. Monginot, professeur au lycée Condorcet. 2ᵉ édition. 1 vol.   6 fr.

Horace : L'Art poétique, publié par M. Maurice Albert, professeur au collège Rollin. 1 vol.   2 fr. 50

Lucrèce : De la nature. Livre V, publié par MM. E. Benoist, professeur à la Faculté des lettres de Paris, et Lantoine, secrétaire de la même Faculté, avec une introduction littéraire de M. Patin. 1 vol.   4 fr.

Salluste, Guerre de Jugurtha, publié par M. Lallier, ancien professeur à la Faculté des lettres de Paris. 1 vol.   4 fr.
— Catilina, publié par MM. Anthoine, maître de conférences à la Faculté des lettres de Toulouse et Lallier. 1 vol. 6 fr.

Tacite : Annales, publiées par M. Émile Jacob, professeur de rhétorique au lycée Louis-le-Grand. 2ᵉ édition. 2 vol.   15 fr.
— Dialogues des orateurs, par M. Goelzer, maître de conférences à la Faculté des lettres de Paris. 1 vol.   4 fr.

Virgile, publié par M. E. Benoist, professeur à la Faculté des lettres de Paris. 3 volumes.
On vend séparément chacun des trois volumes.
Les Bucoliques et les Géorgiques. 2ᵉ édition. 1 vol. 7 fr. 50. — L'Énéide, 3ᵉ tirage. 2 vol. 15 fr. Chaque vol. 7 fr. 50

Démosthène : Les Harangues, publiées par M. H. Weil, membre de l'Institut, maître de conférences à l'École normale supérieure. 2ᵉ édition. 1 vol.   8 fr.
Ce volume, outre les *Philippiques* et les *Olynthiennes*, comprend les harangues : *Sur les classes, pour la liberté des Rhodiens, pour les Mégalopolitains, sur la paix, sur l'Halonèse, sur la Chersonèse, sur la lettre de Philippe, sur les réformes et sur le traité avec Alexandre.*
— Les Plaidoyers politiques, publiés par M. H. Weil. 2 vol.   16 fr.
1ʳᵉ série : *Leptine. — Midias. — Ambassade. — Couronne.*
2ᵉ série : *Androtion. — Aristocrate. — Timocrate. — Aristogiton.*
Chaque série séparément.   8 fr.

Euripide : Sept tragédies, publiées par M. H. Weil. 2ᵉ édition. 1 fort vol. 12 fr.
Chacune des sept tragédies comprises dans ce volume se vend séparément.   2 fr. 50
Ouvrage couronné par l'Association pour l'encouragement des études grecques.

Homère : Iliade, publiée par M. A. Pierron, 2ᵉ édition. 2 vol.   16 fr.
Ouvrage couronné par l'Association pour l'encouragement des études grecques.
— Odyssée, publiée par le même. 2ᵉ édition. 2 vol.   16 fr.

Sophocle : Tragédies, publiées par M. E. Tournier, maître de conférences à l'École normale supérieure, docteur ès lettres. 2ᵉ édition. 1 fort vol. 12 fr.
Chacune des sept tragédies comprises dans ce volume se vend séparément.   2 fr. 50
Ouvrage couronné par l'Association pour l'encouragement des études grecques.

Thucydide : Guerre du Péloponèse. Livres I et II, publiés par M. Alfred Croiset, professeur à la Faculté des lettres de Paris. 1 vol.   8 fr.

Gœthe : Gœtz de Berlichingen, tragédie publiée par M. E. Lichtenberger, professeur à la Faculté de lettres de Paris, avec une carte des lieux où se passe l'action. 1 vol.   10 fr.

EN PRÉPARATION :

Cicéron : Brutus, par M. Martha.
Tacite, Tomes III et IV, par M. H. Goelzer.
Tite-Live, par M. Riemann, maître de conférences à l'École normale supérieure.
Hérodote, par M. Desrousseaux.
Gœthe, Faust, par M. Lichtemberger.

G. MERLET
PROFESSEUR DE RHÉTORIQUE AU LYCÉE LOUIS-LE-GRAND
Membre du Conseil supérieur de l'Instruction publique

ÉTUDES LITTÉRAIRES
SUR LES
CLASSIQUES FRANÇAIS
DES CLASSES SUPÉRIEURES ET DU BACCALAURÉAT ÈS LETTRES
Nouvelle édition conforme aux programmes de 1885
ET AUGMENTÉE D'UNE BIBLIOGRAPHIE

2 volumes in-16, brochés.................... **8 fr.**

I. — Corneille. — Racine. — Molière. — 1 volume : 4 fr.
II. — Chanson de Roland. — Joinville. — Montaigne. — Pascal. — La
Fontaine. — Boileau. — Montesquieu. — La Bruyère. — Bossuet.
Fénelon. — Voltaire. — Buffon. — 1 volume : 4 fr.

ÉTUDES LITTÉRAIRES
SUR LES
GRANDS CLASSIQUES LATINS ET GRECS
ET EXTRAITS EMPRUNTÉS AUX MEILLEURES TRADUCTIONS

2 volumes in-16, brochés.................... **8 fr.**
Chaque volume se vend séparément......... **4 fr.**

E. LITTRÉ
de l'Académie française.

PETIT DICTIONNAIRE UNIVERSEL
OU ABRÉGÉ DU DICTIONNAIRE DE LA LANGUE FRANÇAISE DE É. LITTRÉ
Huitième Édition
ENTIÈREMENT REFONDUE ET CONFORME POUR L'ORTHOGRAPHE A LA DERNIÈRE
ÉDITION DU DICTIONNAIRE DE L'ACADÉMIE FRANÇAISE
PAR A. BEAUJEAN
Ancien Inspecteur de l'Académie de Paris.

1 volume in-16, de 908 pages, cartonné, avec couverture imprimée, 2 fr. 50
cartonnage toile rouge, 3 fr. ; relié en demi-chagrin, 4 fr.

*Ouvrage admis pour les Bibliothèques scolaires et pour les Bibliothèques de quartier des
lycées et inscrit sur la liste des livres fournis gratuitement par la ville de Paris à ses écoles.*

Paris. — Imp. E. CAPIOMONT et Cie, rue des Poitevins, 6. — 8-85. 20 000.

ÉDITION JUXTALINÉAIRE DES PRINCIPAUX AUTEURS CLASSIQUES GRECS
Format in-16

Cette collection comprend les principaux auteurs qu'on explique dans les classes.

ARISTOTE : Platon...	2 fr. 25	**ISOCRATE** : Archidamus...	
Morceaux choisis de M. Poyard	6 fr.	— Conseils à Démonique...	
— Morale à Nicomaque...	1 fr. 50	— Éloge d'Évagoras...	
— Panégyrique d'Athènes...			
— Nicomaque, livre x...	1 fr. 50	**LUC** (Saint) : Évangile...	
— ...	2 fr. 50	**LUCIEN** : Dialogue des morts...	
DÉMOSTHÈNE : ...	4 fr.	— Le Songe ou le Coq...	
— De la lecture des...		— De la manière d'écrire l'histoire	
— ...	1 fr. 25	**PÈRES GRECS** : Discours...	
— ...	75 c.	**PINDARE** : Isthmiques (les)...	
— ...	90 c.	— Néméennes (les)...	
JEAN (Saint) : Homélie		— Olympiques (les)...	
— sur Eutrope...	60 c.	— Pythiques (les)...	
— sur l'évêque Flavien	1 fr.	**PLATON** : Alcibiade (le 1er)...	
— Discours contre les...		— Apologie de Socrate...	
— ...	3 fr. 50	— Criton...	
— De la couronne...	3 fr. 50	— Gorgias...	
— Sur les prévarications de...		— Phédon...	
— ...	6 fr.	— République, livre vi...	
— Olynthiennes...	1 fr. 50	— République, livre vii...	
— Philippiques...	2 fr.	**PLUTARQUE** : Lect. des poëtes	
— Chaque séparément	60 c.	— Sur l'éducation des enfants...	
HALICARNASSE : Pre...		— Vie d'Alexandre...	
— Année...	1 fr. 25	— Vie d'Aristide...	
— contre Ctésiphon	4 fr.	— Vie de César...	
— Prométhée enchaîné	3 fr.	— Vie de Cicéron...	
— Contre Thèbes...	1 fr. 50	— Vie de Démosthène...	
— choisis de M. Weil...	5 fr.	— Vie de Marius...	
— Fables choisies...	1 fr. 25	— Vie de Pompée...	
— Iscole...	2 fr.	— Vie de Solon...	
— ...	3 fr.	— Vie de Sylla...	
— ...	2 fr.	— Vie de Thémistocle...	
— ...	3 fr. 50	**SOPHOCLE** : Ajax...	
— à Aulis...	3 fr.	— Antigone...	
GRÉGOIRE DE NAZIANZE (Saint) :		— Électre...	
— Funèbre de Césaire...	1 fr. 25	— Œdipe à Colone...	
— Sur les Macchabées	90 c.	— Œdipe roi...	
GRÉGOIRE DE NYSSE (Saint)		— Philoctète...	
— Funérailles...	75 c.	— Trachiniennes (les)...	2 fr. 50
— ...		**THÉOCRITE** : Œuvres...	7 fr.
— de Saint Mélèce...	75 c.	**THUCYDIDE** : Guerre du Pélopo-	
— Morceaux choisis...	7 fr. 50	nèse, livre i...	
— ... 6 volumes...	20 fr.	— Guerre du Péloponèse, liv. ii...	
— 1er vol...	3 fr. 50	— Morceaux choisis de M. Croiset	
— 2e vol...	3 fr. 50	**XÉNOPHON** : Les sept livres de l'Ana-	
— 3e vol...	3 fr. 50	base...	
— 4e vol...	3 fr. 50	— Chaque livre séparément...	
— 5e vol...	3 fr. 50	— Apologie de Socrate...	
— ...	4 fr.	— Cyropédie, livre i...	
— ...	24 fr.	— livre ii...	
— ...	4 fr.	— Économique, chapitres i à iv...	
— ...	4 fr.	— Entretiens mémorables de Socrate	
— ...	3 fr.	(les quatre livres)...	
— ...	4 fr.	— Chaque livre séparément...	
— ...	4 fr.	— Extraits des Mémorables...	
— ...	4 fr.	— Socrate...	
— ... et ...		— Morceaux choisis de M...	
— ...		— Parasange...	

Traductions juxtalinéaires...
...explique dans les classes...

Fleury, 9, Paris.

www.ingramcontent.com/pod-product-compliance
Lightning Source LLC
Chambersburg PA
CBHW060909050426
42453CB00010B/1624